監修者——木村靖二／岸本美緒／小松久男／佐藤次高

［カバー表写真］
ファン・ボイ・チャウの肖像

［カバー裏写真］
フエ市にあるファン・ボイ・チャウ像

［扉写真］
浅羽佐喜太郎記念碑前の集合写真
（1918年，前列右から2番目がファン・ボイ・チャウ）

世界史リブレット人81

ファン・ボイ・チャウ

民族独立を追い求めた開明的志士

Imai Akio
今井昭夫

目次

ファン・ボイ・チャウとファン・チュー・チン

ファン・ボイ・チャウ（潘佩珠、一八六七〜一九四〇）の名前は、日本では、二〇世紀初頭のベトナム人の日本留学運動である「東遊《ドンズー》運動」を組織した民族運動家として高校の世界史教科書などでも取り上げられており、比較的よく知られている。ベトナム国内でも、ファン・ボイ・チャウはファン・チュー・チン▲（またはファン・チャウ・チンともいう）と並んで、二〇世紀最初の四半世紀における民族運動を牽引した二大巨頭とされている。二人は当時の二大運動路線をそれぞれ代表しており対照的にとらえられてきた。チャウが「暴動（暴力革命、武装闘争）」で「排仏（フランス排除）」を第一とする運動路線であったのに対し、チンは「依仏（フランス依拠）」による「改良主義」路線だとされてきた。つま

▼**ファン・チュー・チン**（潘周楨、一八七二〜一九二六）　中部クアンナム出身。一九〇一年の科挙で進士に準ずる副榜に合格。一九〇六年に日本から帰国後、啓蒙・開化運動である維新（ズイタン）運動を発動。ベトナムで最初に「民主主義」を提唱した人ともいわれる。一九〇八年の中圻抗税デモに関与した容疑でとらえられる。その後、釈放されて、一九一一年に渡仏。一九一九年に、ファン・ヴァン・チュオン、グエン・テー・チュエン、グエン・アン・ニン、グエン・タット・タイン（のちのホー・チ・ミン）と一緒にパリ講和会議に「安南人民請願書」を送る。一九二五年に帰国し、翌年サイゴンで死去。主著の一つに、東海散士の原作『佳人之奇遇』を梁啓超が漢訳した「佳人奇遇」を翻案した『佳人奇遇演歌』がある。

りチャウは武装闘争によってフランス植民地体制▲の打倒を優先したのに対し、チンはフランスに依拠して国内改革、とりわけ封建的な王朝制度の改革や民主化・欧化の推進を優先したと考えられてきた。中国近代史研究の李沢厚▲の言葉を借りるならば「救国」と「啓蒙」の二つの路線の違いといってもいいであろう。チンは自身の著作『仏越連合後の新越南』(一九一〇・一一年頃)のなかで、チャウとの路線の違いについて言及し、チャウは「革命党」で自分は「自治党」だと評している。

　この二人の歴史的評価をめぐって、旧北ベトナム時代(一九五四〜七六年)から統一ベトナムの一九八〇年代ぐらいまでのベトナム国内の歴史学界・論壇においては、ファン・ボイ・チャウの「暴動」路線のほうが圧倒的に高い評価を受けていた。それは武力による革命闘争や抗仏・抗米戦争を遂行していた時代背景によるものと考えられる。この時期、ファン・チュー・チンは「改良主義」的だとしてチャウより低くみられていたことはいなめない。一九八〇年代後半にベトナムではドイモイ▲(刷新)路線が採択され、その後、冷戦が終わり市場経済化と多極的外交が進められていくなかで、一九九〇年代以降になるとチ

▼フランス植民地体制　フランスは六〇年代初頭のコーチシナ東部三省を皮切りに植民地支配をしだいに拡大していった。当初は海軍提督の支配下におかれ、その後、文官トップ(総督)による統治にかわった。一八八七年、ベトナムの三圻(コーチシナ、トンキン、アンナン)とカンボジア(保護国)を一括して総督に統括させるフランス領インドシナ連邦が成立。のちに、ラオス(保護国)と広州湾(租借地)も加えられた。インドシナ総督府はハノイにおかれた。直轄植民地・各保護国には連邦総督の代行者として理事長官が任命された。

▼李沢厚(一九三〇〜　)　中国の学者。李沢厚著、坂元ひろ子・佐藤豊・砂山幸雄共訳『中国の文化心理構造』(平凡社、一九八九)のなかで、五四運動における「啓蒙と救国の二重変奏」の様相を描いている。

▼ドイモイ　一九八六年のベトナム共産党第六回党大会で採択された改革開放政策。中央指令型計画経済(バオカップ)から、市場メカニズムを取り入れた経済、西側にも門戸開放する多極外交などをめざした。

●—ハノイの国家歴史博物館に並んで陳列されるファン・ボイ・チャウ(左)とファン・チュー・チン(右)の写真

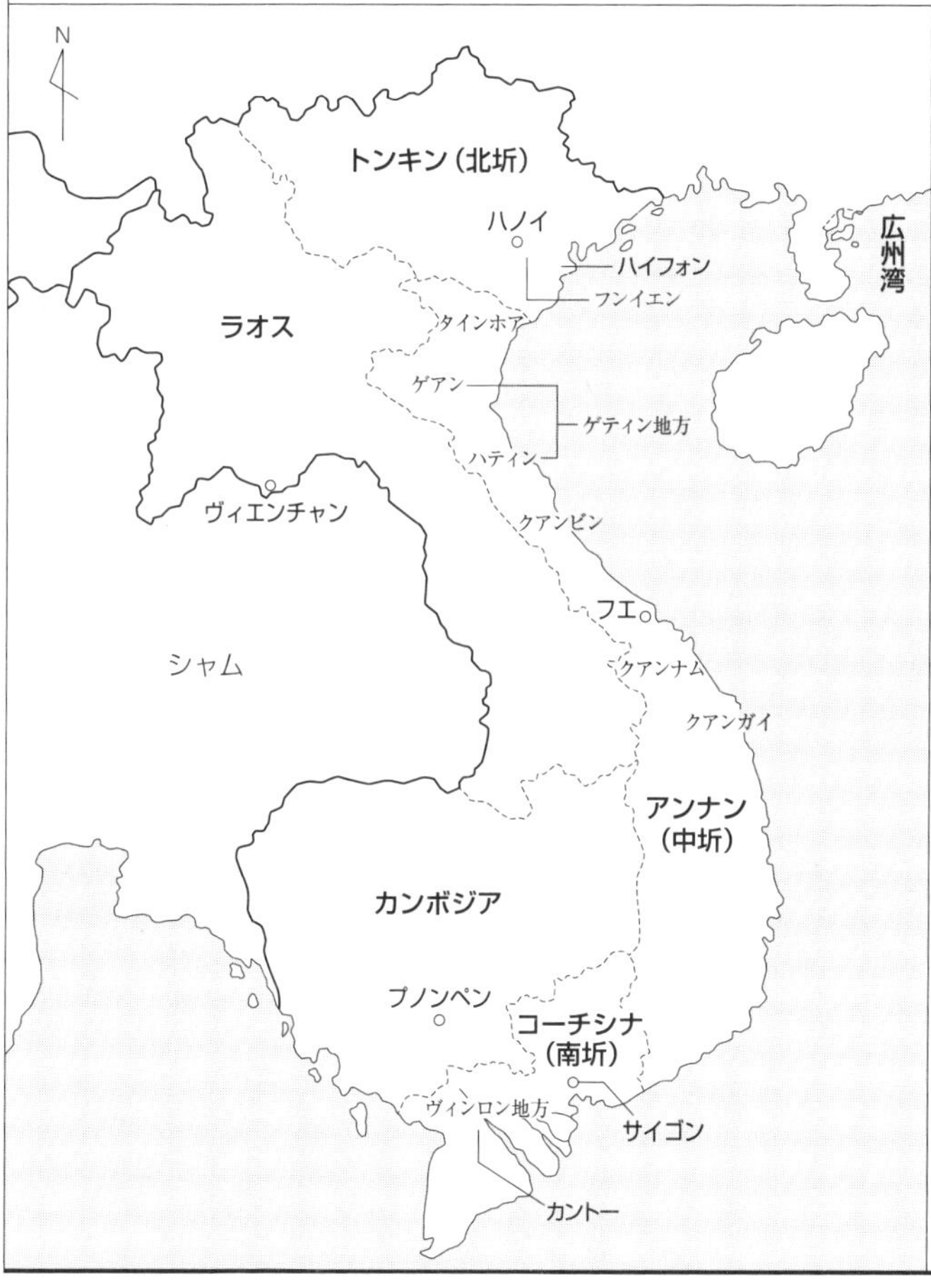

●—フランス領インドシナ連邦

ンの評価が相対的に高まってきた。ベトナム社会の近代化・民主化をはかっていくにはチャウではなくチンの思想を再評価すべきだとする団体「ファン・チュー・チン文化基金」(二〇〇六年設立)などの論調が代表的なものである。二〇一六年にオバマ米大統領が訪越したさいの演説のなかで、ベトナムの民族運動に言及した時、チャウの名前はあげられず、チンの名前のみをあげて称賛していたのは意味深長である。暗にベトナムの西洋的民主化への肩入れをほのめかしたものと考えられる。一方、一九九〇年代以降、チャウは「暴動」的側面だけではなく「改良主義」的・啓蒙的側面も並行していたことを強調し再評価する見解が出されるようになってきた。いずれにしてもチャウはベトナム民族運動の英雄として一貫して尊敬されており、社会主義体制下でも、かつての南北分断期の旧南ベトナムでも、さらには海外の反共的なベトナム系コミュニティでも、チャウはいずれのベトナム人・在外ベトナム人からも一様に高い肯定的評価をえてきた稀有なベトナム近現代史上の偉人である。かのホー・チ・ミン▲でさえ、これだけの幅広い層からの肯定的評価を受けているとはいえないかもしれない。

▼**ホー・チ・ミン**(胡志明、一八九〇〜一九六九)　ファン・ボイ・チャウと同郷。ベトナム独立の父とされる。一九一一年に出国し、フランスなどで活動した。コミンテルンの工作で二四年に中国の広州に赴き、二五年にベトナム青年革命同志会を設立。三〇年には香港でベトナム共産党(のちにインドシナ共産党と改称)を創立。その後、同党から離れるが、四一年に帰国し、ベトナム独立同盟会(ベトミン)を組織。四五年の八月革命でベトミンが政権を奪取すると、同年九月二日に彼がベトナム民主共和国の独立宣言を読み上げた。党・国家の最高指導者となり、人々からは「ホーおじさん」と呼ばれる。

ここで本書の特徴について述べておきたい。まずファン・ボイ・チャウの思想的評価についてである。儒学者出身であったにもかかわらずチャウの思想は、ベトナム国内の歴史学界では「ブルジョア民族民主革命の思想」と評価されることが多い（例えばベトナムの研究者チャン・ヴァン・ザウ）。これは、彼の政治思想が、伝統的な儒教的忠君思想からは脱却しているものの、マルクス・レーニン主義以前の思想だとされているからである（例えばベトナムの研究者チュオン・タウ）。一方、チャウの思想は晩年、マルクス主義のイデオロギーに達していたとする見解もある（例えばドイツの研究者ウンゼルト）。また外国人研究者からは「開明的儒学者」の愛国主義とされ、一九二〇年代以降の西洋的教育を受けた新知識人による「植民地ナショナリズム」以前の思想、いわばまだナショナリズムに達していない「前期的ナショナリズム」あるいは「初期的ナショナリズム」だとされることがある（例えばマカリスター）。これらに対して本書では、チャウの思想を二〇世紀初頭に立憲的な国民国家論を唱えたナショナリズムの思想だととらえる。この点では、ヴィン・シン、白石昌也、グエン・テイエン・ルックなどの研究系譜に連なるものである。ベトナムにおいて本格的に民族ブルジョアジーや新知識人が登場する以前にこのようなナショナリズムがチャウにおいて成立しえたのは、漢字・漢文を媒介とした東アジアの思想交流に彼が積極的に参入していたことが大きい。しかしそれはまたチャウの限界でもあった。彼は西洋語が堪能でなく、欧米への渡航経験もなく、西洋近代についての知識は間接的なものにならざるをえなかったからである。第一次世界大戦期を除いて、彼の実践上の国際的連帯はほぼ広義の東アジアにかぎられていた。

次に、本書ではファン・ボイ・チャウの幼少期から晩年までの全生涯をたどる。これまで日本でのファン・ボイ・チャウへの関心は、日本が舞台となった東遊運動期（一九〇五〜〇九年）からベトナム光復会設立時（一九一二年）までが中心になってきたのはある意味当然であるが、本書は東遊運動期以降のファン・ボイ・チャウの行動・思想についても、それなりの紙幅をさいている。それは、チャウの運動は東遊運動後も一九二五年に上海で逮捕されるまで続けられており、また運動の第一線から退いたフエ軟禁時代（一九二五〜四〇年）も著作が生涯でもっとも多産な時期であり、新たな思想的展開もみられたからである。その一例がチャウの社会主義思想である。旧北ベトナムおよび統一ベトナムでは、前述したように、チャウの思想はマルクス・レーニン主義以前の思想だとされ、彼の社会主義思想についてあまり詳しくは論じられていない。また旧南ベトナムでも、反共国家であったため、チャウの社会主義思想性は忌避され言及されることはほとんどなく、新たな思想的展開が等閑にされてきた。このように東遊運動以降、さらにはフエ軟禁時代以降のチャウについても研究しなければ、チャウの思想的全体像はつかめないであろう。その点で本書はチャウについての全生涯をとおしての民族運動史と思想史をめざすものであり、また彼をとおして二〇世紀前半のベトナム思想史をたどろうとする試みである。

①―勤王運動から維新会結成へ

ファン・ボイ・チャウの生まれと少年期

一九世紀後半のベトナムはフエを都とする阮朝▲のもとにあったが、一八五八年頃からフランスの武力による侵略が始まった。ファン・ボイ・チャウが生まれる五年前の一八六二年に第一次サイゴン条約▲により阮朝は南部コーチシナの東半分の三省をフランスに割譲した。ここからフランスによる植民地化が始まった。第一次サイゴン条約に反対する南部を中心とする在地知識人層は「平西殺左（フランスを平定しカトリックを抹殺する）」をスローガンに各地で自然発生的に反仏運動（文紳運動）に起ちあがった。この運動は西洋文化やキリスト教への反感が顕著な運動であった。チャウが生まれたベトナム中北部のゲティン地方（ゲアン省とハティン省）も、この運動がさかんな所の一つであった。一九世紀後半から第一次世界大戦まで、ベトナムにおける反植民地運動は、王朝体制下の官僚・知識人層を構成した儒学者層（文紳あるいは士夫）によっておもに担われた。

▼阮朝　一八〇二年に阮福暎（グエン・フック・アイン）（嘉隆〈ザーロン〉帝）が創建。ベトナム最後の王朝。フランスの植民地化後も傀儡王朝として存続。一九四五年の八月革命により、幕を閉じる。

▼第一次サイゴン条約　一八六二年に阮朝とフランスとの間で結ばれた条約。壬戌条約ともいう。この条約により、コーチシナ東部三省とコンダオ島が割譲され、キリスト教布教の自由と三港の開港が認められた。フランスは六七年までにコーチシナ西部三省も占拠した。七三年にはフランスは第一次北圻攻撃をおこなった。七四年に結ばれた第二次サイゴン条約（甲戌条約）では、フランス軍の北圻からの撤退とコーチシナ西部三省の割譲が正式に認められた。

ゲアン省ナムダン県の生家跡

ファン・ボイ・チャウは一八六七年末、貧しい儒学者のファン・ヴァン・フォー(潘文譜)を父とし、グエン・ティ・ニャン(阮氏嫻)を母として、ゲアン省ナムダン県で生まれた。ナムダン県はベトナム独立の父ホー・チ・ミンの出身地でもある。チャウは幼い頃より漢学、とくに科挙のための学問を学び、父の塾ではじめて漢文を習ったのは数え年六歳の時であった。三日にして『三字経』を暗記し、七歳で『論語』を理解したといわれるほどの神童ぶりであった。この頃、ゲティン地方で起きた反仏蜂起をまねて、チャウは「平西遊び」をするなど、早くから反仏意識をもっていた。八歳の時には県(省の下)レベルの科挙予備試験の「小考」を受けている。

一八六〇年代にベトナム南部を植民地としたフランスは、七〇年代にはいると北部にも攻撃の手を伸ばした。一八八三年にフランスがベトナム北部を占領すると、一七歳のチャウは、フランス軍を平定して北部奪還を唱える檄文「平西収北」を書いた。それに対し社会からなんの反響もなかったので、彼は有名になって威信や影響力をもつ必要性を感じ、科挙の勉強に力をそそいだ。当時、名声をえるためには、科挙の合格者となることが早道だったからである。そしてその努力の甲斐があってゲアン省の科挙予備試験(考覈《こうかく》)に首席(頭処)合格し、一躍名をはせることになった。しかし翌年、チャウが一八歳の時に母が亡くなったため、病身の父の世話をしながら科挙を受験することはできなくなった。チャウは、家族が赤貧洗うがごとくの状況のなかで、病父と二人の妹をやしなわなければならなかった。

一八八五年、阮朝の都城であるフエ城がフランス軍に陥落し、咸宜《ハムギー》帝▲(在位一八八四〜八五)は都落ちし、反仏の「勤王の詔」を発した。一方、フランス軍は咸宜帝にかわって同慶《ドンカイン》帝(在位一八八五〜八九)を擁立し、阮朝を温存し、ベトナムを保護領のトンキン(北圻《バックキー》)、保護国のアンナン(中圻《チュンキー》)、直轄植民地▲のコーチシナ(南圻《ナムキー》)の三つに分割した。中圻・北圻の各地で文紳義士がいっせいに反仏運動に起ちあがり、勤王運動▲(一八八五〜九六年)が始まった。チャウも「勤王の詔」に応じて、一八八五年に科挙の受験生たちによる試生軍を結成したが、たった一〇日で解散に追い込まれた。一八八六年には『双戌録《そうじゅつろく》』を執筆し、ゲアン地方の反仏的英雄をたたえた。しかし試生軍の失敗以降一〇年にわたり雌伏をよぎなくされ、研鑽に努める時期が続いた。その間、チャウは私塾を開

▼**咸宜(ハムギー)帝**　阮朝の第八代皇帝。八五年に都フエを脱して、「勤王の詔」を発し、フランスへの抵抗を呼びかける。八八年にフランスにとらえられ、翌年、アルジェリアに配流される。一九四四年に当地で逝去。

▼**保護領、保護国、直轄植民地**　コーチシナ(南圻)は第一次・第二次サイゴン条約によって直轄植民地となり、阮朝の行政機構は廃された。一八八三年のフエ条約(アルマン条約)とそれを補強・修正した翌年の第二次フエ条約(パトノートル条約)によって、トンキン(北圻)とアンナン(中圻)のフランスによる保護が正式に承認された。アンナンは阮朝の行政機構が残された保護国、トンキンは阮朝の行政機構が残されたが、よりフランスの支配が強化された保護領となった。

▼**勤王運動**　阮朝の支配体制の維持をめざした君主主義にもとづく、反仏武装闘争。一八八五年に朝廷内の主戦派のトン・タット・トゥエット(尊室説)は都フエで仏軍に攻撃するも失敗し、咸宜帝を連れて都を離

いて糊口をしのいだ。チャウの自伝によれば、一〇歳のグエン・アイ・クオック（のちのホー・チ・ミン）もこの塾で学んでいた。チャウは『孫子十三篇《そんしじゅうさんぺん》』『武候心書《ぶこうしんしょ》』『虎帳枢機《こちょうすうき》』『兵家秘訣《へいかひけつ》』など兵法書の研究にも勤しんだ。一八九二年頃に結婚し、勤王残党との連絡をとりつつ、故郷での暮らしが続いた。一八九七年、チャウは三〇歳をこえて科挙の地方試験である郷試を受けたが、試験場での不正行為が疑われ終身受験ができなくなってしまった。

その少し前、中圻タインホア地方の勤王運動であるバーディン蜂起（一八八六〜八七年）や北圻フンイエン地方のグエン・ティエン・トゥアット▲によるバイサイ蜂起（一八八三〜九二年）は失敗に終わっていた。一八九五年に勤王運動で最後まで奮闘していたファン・ディン・フン▲がハティンで亡くなり、フンによるフオンケー蜂起（一八八五〜九六年）は壊滅し、ゲアン地方の勤王運動は終息に向かった。反仏武装蜂起として北圻のイエンテー蜂起（一八八四〜一九一三年）と山岳少数民族による反仏運動があったものの、勤王運動型の反植民地運動は手づまりになり、新たな運動方式が求められていた。

れる。山間部の砦に立て籠り、「勤王の詔」を発して、反仏武装闘争を呼びかけた。咸宜帝逮捕後も、この運動は九〇年代なかばまで続いた。

▼グエン・ティエン・トゥアット（阮善述、一八四四〜一九二六）　阮朝の高級官僚で、フランスの第二回北圻攻撃にさいし、武力抵抗するも失敗し、中国の龍州に逃れる。「勤王の詔」が出されると、それに応じて帰国し、北圻でのもっとも代表的な勤王運動であるバイサイ蜂起を指導。八九年にふたたび中国に逃れた。

▼ファン・ディン・フン（潘廷逢、一八四七〜九五）　中北部ハティン出身。一八七七年、進士に合格し、阮朝の高級官僚となる。一八八五年、「勤王の詔」にこたえ、中北部のクアンビン、ハティン、ゲアン、タインホアの反仏勢力を結集して、ハティンの山中フオンケーなどを根拠地にねばり強く抵抗を続けた。一八九五年、激戦中に負傷を負い、死去。

文人との交流

一八九八年にファン・ボイ・チャウは郷里を離れて北圻を視察し、また都のフエにも上京し、文人たちと交流した。その交流のなかで、ファン・ボイ・チャウの文才はフエの官界でも評判となった。のちに東遊運動に参加することになる高官の子弟で進士のグエン・トゥオン・ヒエンが所蔵する中国の「新書」を読み、チャウは大きな影響を受けた。「新書」は一八九〇年代からベトナムの知識人たちに浸透しはじめた。チャウは『普法戦記』『中東戦記』『瀛環志《えいかんし》略《りゃく》』▲などにより、世界の情勢に目を開かされた。またこの時期、彼はグエン・ロ・チャックの「天下大勢論」(一八九二年)を読んでいる。この著作は、日本の台湾出兵や琉球併合▲についても言及していた。グエン・チュオン・トやダン・フイ・チュー、グエン・ロ・チャックのような一九世紀後半の改革思想家は清国に頼る主張はせず、日本を「東夷」とする見方から脱却し、日本を見習う主張を打ち出していた。チャウはこれらの主張を東遊運動で継承したともいえる。

一九〇〇年、ファン・ボイ・チャウの才能を買っていた朝廷の高官たちの働

▼『普法戦記』『中東戦記』『瀛環志略』　『普法戦記』は王韜が一八七一年に出版したもので、普仏戦争について述べたもの。『中東戦記』は、『万国公報』主筆のヤング・アレンの著述の翻訳である『中東戦記本末』(一八九六年?)だと思われる。この本は日清戦争について述べたもの。『瀛環志略』は徐継畬によって一八四〇年代末に書かれた世界地理書。

▼台湾出兵、琉球併合　一八七四年、明治政府は宮古島島民遭難事件を理由に台湾に出兵した。これは近代日本の最初の海外派兵であった。これを機に、琉球の日本帰属が国際的に承認されていくことになった。それより前、一八七二年に明治政府は琉球国を廃して琉球藩としていた。七九年には琉球藩を廃して、沖縄県を設置した。これを琉球併合あるいは琉球処分という。これにより琉球王国は滅亡した。琉球併合については、一九世紀末・二〇世紀初頭のベトナム知識人にも関心をもたれ、グエン・ロ・チャックの「天下大勢論」、ファン・ボイ・チャウの『琉球血涙新書』でも言及されている。

●―ファン・ボイ・チャウに影響を与えた文人

グエン・トゥオン・ヒエン (阮尚賢，1868 ～ 1925) 	1892 年に 24 歳で進士に合格。阮朝の高級官僚としてナムディン省督学などを歴任。フエに住んでいる時，グエン・ロ・チャックの「天下大勢論」や中国の「新書」を読み，ファン・ボイ・チャウらに紹介する重要な役割をはたす。著作に，東京義塾でも経済の学習に使用された「合群営生説」がある。1907 年に辞官し，その後，渡日して東遊運動に参加。同運動が瓦解後，中国に渡り，ベトナム光復会設立にも幹部としてかかわる。同会が失敗に終わると，杭州で仏門にはいり，25 年に死去。
グエン・ロ・チャック (阮露澤，1853 頃～ 95 頃)  「天下大勢論」	中部クアンチ出身。19 世紀後半の改革思想家。父は阮朝の刑部尚書代理などを歴任した高官で，また岳父も高官であったため，グエン・チュオン・トの請願書や中国の「新書」を早くに読むことができた。チャックはこれらから大きな影響を受けた。1877 年に「時務策　上」を朝廷に献じ，「自強自治」を心配すべきだとした。82 年に「時務策　下」を書き，遷都などを提案した。92 年には「天下大勢論」を執筆し，東アジアの危機的情勢を論じ，政治・教育の改革を提唱し，ファン・ボイ・チャウなどにも影響を与えた。
グエン・チュオン・ト (阮長祚，1830 ～ 71) 	ゲアン出身。19 世紀後半の代表的な改革思想家。建築家。年少時は漢字を学び，のちに地元のサードアイ教会でゴーティエ司教にフランス語などを学ぶ。58 ～ 59 年，同司教のお供でダナン，香港を訪問。61 年，サイゴンに赴き，フランス軍のために通訳をし，同軍のサイゴン攻撃をつぶさに目撃。和議を望むもそれがかなわず，通訳を辞す。コーチシナ東部三省割譲の状況のなかで，63 年までに意見書「天下分合大勢論」「教門論」などを執筆。彼は 61 ～ 71 年までに夥しい数の意見書を朝廷に上奏した。67 年末に渡仏し，フランスから意見書「済急八条」を送る。翌年，帰国。71 年，郷里で死去。
ダン・フイ・チュー (鄧輝著，1825 ～ 74) 	19 世紀後半の改革派官僚。1855 年，進士合格。65 年，中国に情勢視察に行き，「新書」をもって帰り漢訳する。67 年，ふたたび中国に行き，機械・兵器を買いつけ，朝廷軍の改革を訴える。その間，朝廷の財政改善のため，ハノイで交易をおこなう役所の設置を具申。自らその任につき，69 年にハノイでベトナム最初の写真店を開く。そのほか，海産物や赤山芋を扱う店舗も開く。北部の鉱山開発や製鉄所や機械工場の設立も提案したが受け入れられず，北部の反乱の鎮圧に派遣される。73 年，仏軍がハノイを攻撃した時，フンホアの砦で抵抗するも，翌年に死去。

きかけにより、チャウはかつての科挙での不祥事が許され、ゲアンでの郷試を受けた。この郷試に首席(解元)で合格し、挙人となった。同年、チャウの父が亡くなった。彼は長年の扶養・介護から解放され、本格的に自分のめざす運動に着手しはじめた。服喪のためもあり、チャウは次の段階の会試を受験しなかった。この時(一九〇一年)の会試では、ホー・チ・ミンの父親グエン・シン・サックとファン・チュー・チンが進士に準ずる副榜に合格している。この年に、チャウはファン・ディン・フンの息子ファン・バー・ゴック(潘伯玉)などとゲアン城の奇襲計画を立てたが未遂に終わった。翌年には、勤王運動終息後も北圻のバックザン地方で反仏武装闘争を続けていたホアン・ホア・タム▲とも連絡をとろうとしたが不首尾に終わった。

一九〇三年、チャウはフエに行き国子監の学生(監生)となった。ここで中圻・南圻の勤王人士と交流し、阮朝の皇族とも接触をはかり、畿外侯クオン・デ(彊柢)と出会った。チャウはグエン・タインと協議し、阮朝初代嘉隆《ザーロン》帝の正系カイン(景)皇太子の子孫であるクオン・デをかつぎ出そうと画策した。この頃にチャウは『琉球血涙新書』を執筆している。この著作で彼は日本の琉球併

▼ホアン・ホア・タム(黄花探、一八五八〜一九一三)　通称をデ・タム(提探)ともいう。イエンテー蜂起の指導者。一八七〇年代から北圻の反仏武装蜂起に参加し、八五年からはバックザンのイエンテーを根拠地として戦うようになった。九二年頃からはイエンテーでの農民武装蜂起の最高指導者となった。仏軍と多数の戦闘をおこない、一時的な和睦を結んだこともあった。二〇世紀初頭にはファン・ボイ・チャウをはじめとする愛国的士夫とも連携した。一九〇九年にフランスから大攻勢をかけられ、蜂起軍は衰退。一三年のタムの死をもって同蜂起は終息した。

▼チャン・クイ・カップ(陳季洽、一八七〇〜一九〇八)　クアンナム出身。一九〇四年に進士合格。〇五年、ファン・チュー・チン、フイン・トゥック・カンとともに「南遊」し、

合を直接は批判せず、亡国の惨状と降伏の国王が奴僕となる屈辱を述べている。チャウの救国の路線（一に「開民智」、二に「振民気」、三に「植人才」）を明示した最初の本であった。この本はフエ、クアンナム、クアンガイの官界・学者・青年たちにも広まり、ファン・チュー・チン、チャン・クイ・カップ、▲フイン・トゥック・カン▲といった志士たちと知り合いになるきっかけとなった。南圻の反仏活動家たちと連絡をとるべきとのグエン・タインの勧めでチャウは南圻を視察し、チャン・ティ（陳視）やグエン・ヒエン（阮誠憲）などの勤王の同志をたずねた。

維新会結成へ

このようにファン・ボイ・チャウは一九〇一〜〇四年の時期、国内情勢を実地調査し、愛国志士たちと連絡をとり合っていた。北圻ではホアン・ホア・タムをたずね、南圻ではカンボジア国境のヌイバイ（七山）地方まで足を伸ばした。かつての勤王運動は救国＝忠君で、地方ごとに蜂起し全国性がなかったのに対し、チャウは全国規模でのネットワークを築こうとしたのである。その後、チ

ビンディンにおいて三人は詩「至誠通聖」、賦「名山良玉」をつくり、科挙の為の学問や愚民政策を批判し、大きな反響をよんだ。三人は維新運動をおこすが、その後の中圻抗税デモでとらえられ、カップは処刑される。著作に「士夫自治論」がある。

▼フイン・トゥック・カン（黄叔沆、一八七六〜一九四七）　クアンナム出身。一九〇四年に進士に合格するも官僚にならず、ファン・チュー・チン、チャン・クイ・カップらと維新運動をおこす。〇八年に中圻の抗税デモに関与したとされとらえられ、二一年までコンダオ島に流刑される。二六年、中圻民表院（議会）の院長に選出される。三年後、中圻の植民地当局と激しく対立し、辞職。二七年にフエで『民の声』紙を創刊し、主筆となり、多数の論説を執筆。同紙には、ファン・ボイ・チャウもたびたび寄稿した。第二次大戦末期、日本は後援するベトナム帝国の首班候補の一人としてカンを想定していたが、彼からは拒絶された。四五年には、ホー・チ・ミン率いる民主共和国政府に参加し、四六年には内相と国家主席代理に選ばれている。

ャウは中北部のクアンビン以北のカトリック教徒の勧誘に赴き、ゲティン、クアンビンの有力なカトリック教徒を味方につけた。この点も「殺左」のスローガンを掲げ反キリスト教的であった、かつての文紳運動とは異なっている。一九〇四年春、クオン・デのほか、グエン・タイン、ファン・ボイ・チャウ、ダン・トゥ・キン、ダン・ターイ・タンほか、二〇人ほどのメンバーが集まり、フエの南のクアンナムにあったグエン・タインの家で維新会を結成した。会主にはクオン・デが推戴された。

維新会には三つの任務があった。①勢力拡大、②暴動と暴動後の計画、③出洋求援である。暴動を起こすにしても武器確保が最大の課題であり、国内での調達は不可能なため三番目の任務がもっとも重要であった。維新会は、「勤王の義党」「秘密結社」からさまざまな人々を結集した広範な抗仏戦線の最初の「政党」であったともいえる。その組織は皇族クオン・デを盟主にした君主主義に立脚するものであった。

一九〇五年初めの会合で「出洋求援」の任務はファン・ボイ・チャウとタン・バット・ホー▲、ダン・トゥ・キンに託された。国内における工作の責任者

▼タン・バット・ホー（曾抜虎、一八五八〜一九〇六）　ビンディン出身。一八七二年、劉永福の黒旗軍に参加。また勤王運動が始まると、ビンディンで挙兵するも、八七年初には鎮圧される。その後、シャム、中国、ロシアなどを遍歴。水夫となり、日本にも渡航。〇四年に帰国し、グエン・タインの紹介で、チャウ、タンと知り合い、翌年、三人で渡日する。〇六年、病死。

はグエン・タインとダン・ターイ・タンが指名された。グエン・タインは、「現在の列強の情勢は、同文同種の国でなければわれわれを助けようとする人はいない。中朝（清国のこと）はわがベトナムをフランスにゆずり、さらには国勢が衰弱し、自らを救うこともできない。日本のみが黄色人の新進の国であり、ロシアを打ち破ることができ、野心が横溢している。利害をもって動かせば、かならずわれらのために助けてくれるであろう。たとい兵は出してくれなくても、兵器を購入する資金は貸してくれるだろう。外国に援助を求めるなら日本にしくはない」旨を述べた。こうしてチャウの日本派遣が決まり、外国経験豊富なタン・バット・ホーが同行者に加えられた。タン・バット・ホーはかつて劉永福▲の軍を助けて両広（広東、広西両省）・台湾を遍歴し、広東語につうじていた。旧暦一九〇四年の年末にチャウは久しぶりに帰省し、墓参をしたのち、〇五年の旧正月、ゲアンを出発し、ハノイをへて港町ハイフォンに向かった。ファン・ボイ・チャウ、ダン・トゥ・キン、タン・バット・ホーの三人は中国人に変装してハイフォンをたち、密出国した。香港に上陸後、上海に行ったが、日露戦争のため、しばらく待機しなければならなかった。一九〇五年の晩春か

▼**劉永福**（一八三七〜一九一七）　広東省欽州の客家出身。天地会系の蜂起に参加し清朝軍と戦う。一八六〇年代後半にベトナム北部に逃れ、ベトナムの阮朝に帰順し、黒旗軍を組織する。七三年、フランシス・ガルニエがハノイを占領すると、阮朝からの要請を受け、ガルニエを討った。八三年にはハノイ西郊でふたたび仏軍と戦う。清仏戦争では清朝軍側につく。日清戦争が勃発すると台湾に渡り、黒旗軍を率いて台湾を防衛した。九五年、下関条約が締結されると、台湾民主国の大将軍に任じられ、抗日運動を担った。日本軍の台湾平定が迫ると、大陸に逃れた。その後も広東で軍人として活躍。

●—維新会の結成場所　一九〇四年春、グエン・タインの家(上)で維新会は結成された。現在、家のなかではグエン・タインが祀られている(下)。

●──維新会の主要結成メンバー

クオン・デ （畿外侯彊柢，1882〜1951） 	阮朝の皇族。1904年，ファン・ボイ・チャウらに擁立されて維新会の会主に推戴される。06年，東遊運動で渡日。振武学校などで学ぶ。09年，日本を退去し，中国などで活動を続ける。12年，ベトナム光復会の会長に。15年，再び来日し，犬養毅などの支援を受ける。39年，ベトナム復国同盟会を結成し，翌年の日本軍の北部仏印進駐のさい，抗仏武装蜂起を企てるも失敗。45年の仏印処理でも出番はなく，日本にとどまった。51年，日本で死去。写真は左がクオン・デ，右がファン・ボイ・チャウ。
グエン・タイン （阮誠，1863〜1911） 	またの名をグエン・ハム阮諴という。クアンナム出身。勤王運動ではクアンナム義会に参加して，軍事的抵抗を続けた。80年代末，義会の運動が失敗に終わると，自宅に隠棲。しかし各地の運動家と連絡を取り合った。1903年，ファン・ボイ・チャウが自宅を訪れ，知り合う。翌年，タインの自宅において維新会が設立される。チャウが渡日したのち，タインは国内で秘密活動に従事し，東遊運動を支援。08年，中圻の抗税デモによりとらえられ，コンダオ島に流刑になった。11年にそこでなくなった。
ダン・トゥ・キン （鄧子敬，1875〜1928）	ゲアン出身。1905年，チャウとともに渡日。東遊運動瓦解後は，シャムへ。辛亥革命後のベトナム光復会では経済委員。10年代，チャウが獄中にあった時は，グエン・トゥオン・ヒエンとともに光復会を指導。チャウが上海で逮捕されたのち，シャムに渡り，そこでなくなる。
ダン・ターイ・タン （鄧蔡紳，1874〜1910）	ゲアン出身。1904年の維新会創立時のメンバーの一人。東遊運動をベトナム国内から支える。10年，潜伏先を官憲に包囲され，自殺。

ら初夏にチャウらは上海から中国人になりすまして日本行きの船に乗りこんだ。神戸で上陸して日本の地を踏み、列車で移動して横浜に到着した。

②―東遊運動の三つの側面

留学運動

一九〇五年に日本でファン・ボイ・チャウが中心になって推進した東遊運動は、大きくは三つの部分（①留学運動、②アジア革命との接触・連携、③チャウの著作活動）から成り立っていると考えられる。以下ではそれぞれについてみていきたい。

横浜に到着するとチャウは、中国の改革思想家で戊戌の政変後に日本に亡命していた梁啓超《りょうけいちょう》▲に手紙を送り、早速に梁啓超との接触をはかった。会談ではタン・バット・ホーが広東語で通訳し、こみいった路線・策略については漢文で筆談した。その後の会談でチャウは維新会の願望を梁啓超に伝えた。梁啓超は、ベトナムの国権回復に必要な要件をあげた。それはベトナム人自身の実力を蓄えることであり、実質的な支援は両広により、普仏戦争が起きる機を待って準備するようにと勧めた。そして日本の援助は軍事援助ではなく外交上の援助にとどめるべきだと忠告した。さらにその後、梁啓超はチャウに憲政本党の

▼**梁啓超**（一八七三〜一九二九）　清末民国初の政治家、思想家。師の康有為らとともに変法運動をおこす。一八九八年の戊戌の政変で日本に亡命。横浜に居住する。『戊戌政変記』や『新民説』などの彼の著作はベトナムの東遊運動や維新運動の活動家たちにも大きな影響を与えた。一九〇二年には『新民叢報』を創刊したが、〇五年に中国同盟会の機関誌『民報』が発刊されると革命派と対立した。〇五年以降は「開明専制論」を唱えるようになった。梁の「開明専制論」については、ファン・ボイ・チャウは直接的には言及していないように思われる。辛亥革命勃発後の一二年に帰国し、段祺瑞内閣で財務総長になるなど、政界活動にたずさわった。

大隈重信、犬養毅と会うのを勧め、チャウに同行してくれた。大隈重信、犬養毅、梁啓超、チャウが一堂に会し、ここで犬養や大隈は、日本政府として軍事的支援はできないが、政党として革命組織の支援はできる旨を伝えた。

　会談後、梁啓超の勧めにより、フランス植民地支配の惨状を訴える宣伝文書としてチャウは『越南亡国史』を執筆した。これらの会談をとおして彼は視野を広げ、軍事的援助を求める「求援」から留学運動を進める「求学」へと舵を切ったのである。「求学」のおもな留学目的の一つは軍事教練であった。一九〇五年七月、チャウとダン・トゥ・キンは宣伝文書であるチャウの著作『越南亡国史』をたずさえて帰国し、盟主クオン・デの来日準備を進めた。一九〇五年秋、チャウは三人の留学生を連れて、日本へ戻った。数カ月後には六人の北圻人も加わった。そのなかには一九〇七年に東京義塾《ドンキン》塾長となるルオン・ヴァン・カンの息子二人や、四五年にベトナム民主共和国の副主席となるグエン・ハイ・タンも含まれていた。しかしチャウらの生活は経済的に困窮していた。その年末、タン・バット・ホーとダン・トゥ・キンが「勧国民資助遊学文」を持って帰国し、留学生集めと金策に走った。一九〇六年にも宣伝文書として

『越南亡国史』

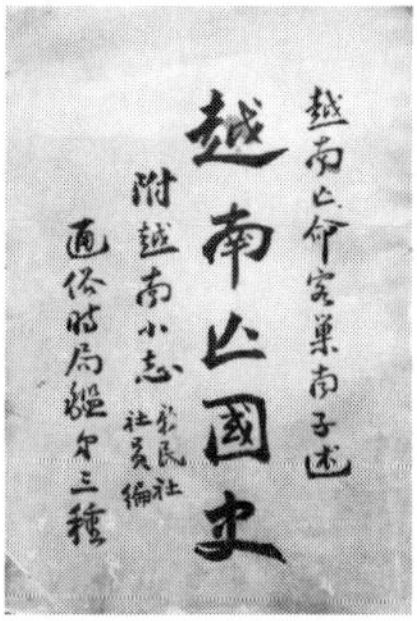

▼**東京義塾**　開明的な知識人たちによって一九〇七年三月〜一一月にハノイで設立された学校。従来の科挙の為の塾ではなく、新しい思想・文化・知識を摂取し、クオックグー（ベトナム語のローマ字表記）の使用を促進し、実業の振興をめざす啓蒙・教育運動。日本の慶應義塾に倣ったともいわれる。教育部門では、漢文と仏文・ベトナム語などが教えられた。テキストとしては『文明新学策』『国民読本』『南国地輿』『国文習読』などがある。女子クラスもあった。啓蒙運動のための講演会が開かれたり、出版物が発行されたり、宣伝詩がつくられたりした。活動期間は短かったが影響力は強く、それを恐れた植民地当局によって閉鎖に追い込まれた。

『海外血書』が発行された。

一九〇六年の初め、クオン・デが来日した。この時、日本視察を目的としていたファン・チュー・チンも来日し、短期間日本に滞在した。チャウは留学生の住居用の家を借りて丙午軒《ビンゴヒエン》と名づけた。チャウは犬養に手紙を送り、クオン・デの到着を知らせ、学生たちの入学のことを依頼した。犬養は東亜同文書院院長細川侯爵、参謀本部次長兼振武《しんぶ》学校校長福島安正《やすまさ》中将(当時)および根津一《はじめ》東亜同文会幹事長に連絡依頼し、その後は犬養の代理である柏原文太郎《かしわばらぶんたろう》が奔走・斡旋してくれた。留学生のうち三人が振武学校へ、一人が東京同文書院へ入学することになり、その他の六人は横浜の丙午軒で日本語の勉強に励んだ。クオン・デは他の三人の留学生とともに振武学校へ入学した(ただし一九〇七年十一月に退学)。一九〇六年にはまだ留学生の数は多くなかったが、これらの人々はベトナム最初の日本留学生▲となった。この間、ファン・ボイ・チャウと日本滞在中のファン・チュー・チンは激しい議論を戦わしていた。チンは阮王朝をまず打倒することを唱えたのに対し、チャウはフランスを打倒してベトナムの独立をはかるべきだとした。チンはまもなくして帰国したが、帰国後、

▼ルオン・ヴァン・カン(梁文玕、一八五四〜一九二七)　一九〇七年にレ・ダイ、グエン・クエンらと東京義塾を設立し、塾長になる。彼の著作『商学方針』はベトナムで最初の商学の本だといわれる。

▼グエン・ハイ・タン(阮海臣、一八七八頃〜一九五九)　一九〇六年、東遊運動で日本へ。同年末、帰国し、国内で宣伝工作に従事。〇八年にとらえられるが、釈放後、中国に行き、黄埔軍官学校に入学。四二年、ベトナム革命同盟会を創立。四六年、抗戦連合政府の副主席に就任。

▼日本留学生　戦前、ベトナムからの日本留学の波は、東遊運動のほかにもう一波あった。それは第二次大戦中の一九四一〜四三年に日本の学校に入学した仏印留学生である。私費八人、招致七人、交換二人、不明一人の計一八人がいた。このなかにはのちに医学で有名になるダン・ヴァン・グー教授(有名な映画監督ダン・ニャット・ミンの父)や農学で有名なルオン・ディン・クア教授も含まれる。

「尊民排君」の説をさかんに唱えた。

一九〇六年秋、チャウは一時帰国した。この時チャウは北圻で反仏武装抵抗を続けるホアン・ホア・タムをたずねて提携関係を結んだのち、タムの根拠地に近いバクニン地方のノイズエで同志たちと秘密会合をもった。闘争組織を和平派(明社)と激烈派(暗社)の二つに分け、和平派は学校での演説・宣伝をおこない、激烈派は武装闘争をおこなうこととした。つまり教育と暴動を並行して進めることにしたのである。

この決定後、ハノイでは東京義塾が一九〇七年春に設立された。この義塾は教育・広報・出版などの機能をあわせ持つ学校で、科挙のための学問を批判し、愛国精神の高揚や実業の振興などを唱えた啓蒙運動の舞台であった。塾長のルオン・ヴァン・カンは二人の息子(ルオン・ギ・カインとルオン・ラップ・ニャムまたの名はルオン・ゴック・クエン)、を東遊運動に送っていた。塾のメンバーであったレ・ダイ▲はチャウの漢文による宣伝文書『海外血書』を現代ベトナム語の韻文に訳している。このように非合法の東遊運動、合法の東京義塾は相互に連携していたと思われる。東京義塾は九カ月あまり活動し同年秋に植民地当

▼**レ・ダイ**(黎岱、一八七五〜一九五一) ハドン出身。一九〇六年、維新会に参加。翌年には東京義塾の設立にかかわる。一九〇八年、ハノイ投毒事件に関与した疑いでとらえられ、コンダオ島に流刑。二五年に釈放される。

局によって閉鎖させられた。

一九〇七年、ファン・ボイ・チャウは東京に転居した。彼は南圻からの留学生を集めるために「哀告南《あいこくなん》圻《き》父《ふ》老文《ろうぶん》」を執筆した。南圻は阮朝支持者が多かったため、クオン・デの名前を借りたこのような宣伝工作により、南圻人の留学生が増加した。とりわけ多かったのがメコンデルタのヴィンロン地方で、グエン・ザック・グエンが主宰する南雅（仏）堂がその中心であった。南圻では「出洋団」が組織され、一〇〇人近くの留学生が集められた。「勧学」の成果があがり、ベトナム全土からの留学生が急増したが、こうなると今度は大量の留学生の就学が課題になった。振武学校の福島校長はこれ以上のベトナム人学生の入学を断った。その他の留学生の多くは東亜同文会の東京同文書院へ振り分けられた。同学院は、五教室を新たに設けてベトナム人留学生を収容した。学院の主任は柏原文太郎、文学主任は十《と》時《とき》弥《わたる》であった。難《なん》波《ば》田《た》憲欽《のりよし》などが軍事訓練をしていた。授業は午前と午後の二部に分かれ、午前中は日本語のほかに算術、地理、歴史、化学、物理、修身などの一般教養、午後は軍事教練と野外教練であった。おおぜいの留学生を管理するため、ベトナム公憲会が一九〇七年秋に

雑司ヶ谷霊園にあるチャン・ドン・フォン(陳東風)の墓

設立された。クオン・デが会長で、チャウが総理兼監督となり、経済・規律・交際・文書の四部を設置し、それぞれ北圻・中圻・南圻を代表する委員を配し、三圻の融合をはかっていた。留学生のなかには小学校に入学する年少者がいたほか(九人)、成城中学や正則英語学校などに入学する人もいた。一九〇八年、チャウはさらなる資金確保のために努力を続けていた。そんななか、同年初夏、留学生のチャン・ドン・フォン(陳東風)が自殺するという事件が発生した。フォンは中圻ゲアンの大富農の息子で、家からの送金がこないのを悲憤慷慨しての自殺であった。東遊運動の留学資金の多くは南圻からの送金に頼っていた。

一九〇八年後半は、東遊運動にとって暗転の時期となった。チャウと旧知の仲であり阮朝の高官(ナムディン省の督学)であったグエン・トゥオン・ヒエンが来日して東遊運動に加わり、留学生たちの意気はさらにさかんとなる一方で、チャウの自伝によれば同年末に、日本政府は東京同文書院の留学生に解散命令をくだした。一九〇八年末までに、留学生は二〇〇人前後にのぼり、出身地域別にはおおよそ南圻一〇〇人、中圻五〇人、北圻四〇人であった。出身階層としては、儒学者の家庭や愛国的地主あるいは敵に恨みのある家の子弟が多かっ

●―カントー市にある南雅(仏)堂

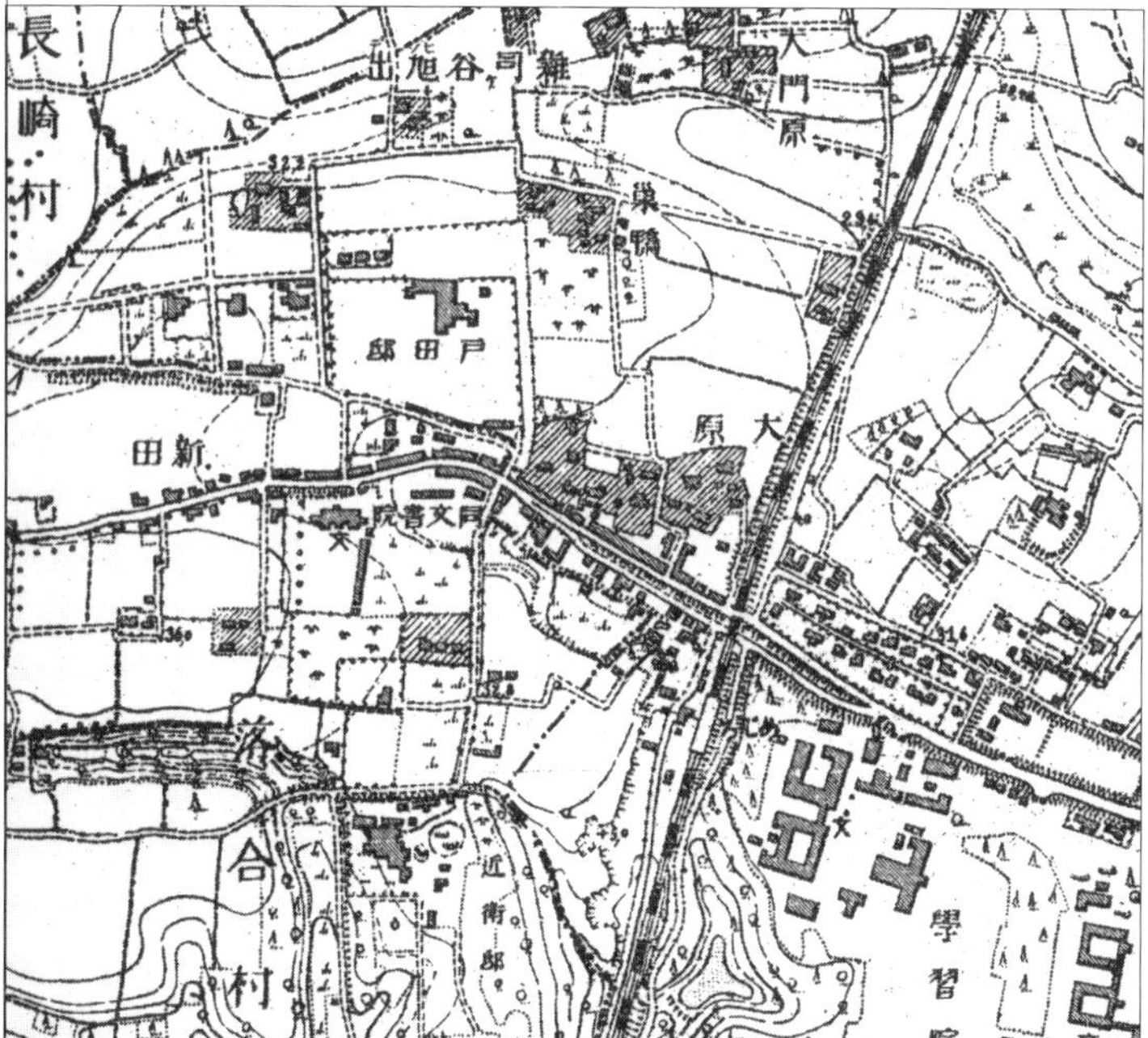

●―目白にあった東京同文書院が示された地図(旧一万分の一地形図、「早稲田」部分)

た。このなかには一〇名ほどのカトリック教徒もいた。東遊運動に参加した留学生の完璧な名簿は現在にいたるも存在していない。というのは留学生の多くは中国人の旅券を買っていたため、真の国籍が確定できず、また複数の名前をもっていたので、正確な名簿を作成するのが困難だからである。

アジア革命との接触・連携と東遊運動の挫折

一九〇五年夏、横浜時代にチャウは、犬養毅の紹介で孫文▲に会っている。孫文はチャウの『越南亡国史』を読み、立憲君主の弱点を指摘し、中国革命が成功したあかつきには、ベトナムの独立を手伝うと中国同盟会に誘った。チャウは孫文の共和主義の優れている点を認めたが、中国同盟会▲がまずベトナムの独立を手伝うべきだと主張した。中国、ベトナム両革命党の合同の話は、君主か民主か、ベトナム優先か中国優先かでもめて、結局まとまらなかった。一九〇六年、チャウは『哀越弔滇』で中国国境省の雲南とベトナムが協力することを訴えた。一九〇七年、チャウは一時帰国し、雲南留学生との連帯組織「双南同盟会」を結成した。同会の学生たちは一九〇七年春に日本から追放されてハノ

▼孫文(一八六六〜一九二五)　中国革命の指導者。一八九四年、興中会を組織。広州での武装蜂起に失敗し、日本に亡命。亡命中、宮崎滔天、頭山満らと交流し支援を受ける。一九〇五年に東京で中国同盟会を結成。しかし清朝は東京での革命運動の高まりを警戒し、日本政府に留学生などの取締りの協力を求めた(清国留学生取締規則)。そのため孫文は〇七年にベトナムのハノイに退去せざるをえなかった。辛亥革命により一二年、中華民国の臨時大総統に就任したが、袁世凱に政権をゆずる。一七年、広東政府を樹立し、大元帥に。一九年、中国国民党を結成し、総理に。二四年、「連ソ・容共・農工扶助」を掲げ、第一次国共合作をすすめる。この時、黄埔軍官学校も設立された。

▼中国同盟会　一九〇五年に興中

イに逃れてきた孫文を支援した（孫文六回目の渡越）。孫文は同盟会の本部をハノイに移し、華南の武装蜂起指導のため一年ほどベトナムに滞在した。一九〇七年には東京で「滇桂粤越《てんけいえつえつ》（雲南・両広・ベトナム）連盟会」が結成されたとされる。

東亜諸民族の団結をめざす「亜洲和親会（チャウの自伝では東亜同盟会）」が一九〇七年夏、章炳麟《しょうへいりん》▲やファン・ボイ・チャウを中心にして東京で結成された。中国（章炳麟、張継《ちょうけい》、景梅九《けいばいきゅう》）、朝鮮（趙素昂《チョソアン》）、インド、フィリピン、日本から参加者があり、ベトナム人も約一〇人が参加した。宮崎滔天▲などとともに大杉栄、堺利彦などの社会主義者も加わっていた。このように東アジアの被抑圧民族の連帯は東京から始まったのである。しかしながら同会は、帝国主義的傾向を強めていた日本政府より弾圧され結成後一年ほどで消滅してしまう。この時期のチャウの救国路線は農民・労働者にはまだふれていない時代的限界をもっていたが、中国革命党との接触のなかで、君主主義の考えも変化するようになった。

こういった民間での東アジアの被抑圧民族の連帯の動きに釘を刺したのが日仏協約▲（次頁用語解説参照）の締結であった（一九〇七年六月）。この協約は、日本

会・光復会・華興会を結集して結成された反清朝の政党。孫文が総理。「駆除韃虜・恢復中華・創立民国・平均地権」が四大綱領。

▼章炳麟（一八六九〜一九三六）　清末民国初の学者・革命家。当初は変法派寄りの立場をとっていたが、戊戌政変後、日本に留学し、康有為の保皇会と対立。漢民族による民族主義革命を主張。中国同盟会の機関誌『民報』の主筆をつとめ、梁啓超の『新民叢報』に対抗。辛亥革命後に帰国し、孫文、黄興とならんで「革命三尊」と称された。

▼宮崎滔天（一八七一〜一九二二）　革命的アジア主義によるアジア解放に志し、一八九〇年代、中国やタイに渡航し活動。九七年に孫文と知り合う。宮崎に孫文を紹介したのは曽根俊虎。曽根は中国通の軍人で、アジア主義団体「興亜会」（一八八〇年）の創立者であり、近代日本におけるベトナム研究の嚆矢である『法越交兵記』（一八八六年）の著者。宮崎は一九〇五年、中国同盟会結成に尽力。一一年辛亥革命にも参加し、孫文を支援し続けた。

とフランス両国のアジア大陸、なかでも清国における相互の地位ならびに領土権を支持し合うことを約したものであった。またベトナム国内での状況も悪化していた。一九〇七年秋に東京義塾が閉鎖に追い込まれたほか、〇八年のハノイでのフランス軍兵営での投毒事件と同年の中圻での抗税デモにより植民地当局の取締り・弾圧がいっそう厳しくなった。フランス植民地当局は、留学生の父兄親族の取調べや逮捕により圧力をかけ、日仏協約にもとづき日本政府に交渉して、指導者の引き渡しと留日学生団の解散を要求した。一九〇八年末、ついに日本政府は東遊運動の留学生への取締りを強化した。困惑したファン・ボイ・チャウが犬養毅、福島安正に相談すると一年間隠忍自重するようにといわれた。留学生たちは動揺し、一九〇八年末に多くの人は帰国することになった。ほんの二〇人あまりのみが日本に残ることになった。ここでチャウらは二つの困難にぶつかった。未払い勘定の清算と帰国学生の旅費の問題である。幸い犬養の斡旋で日本郵船会社から横浜〜香港間の乗船切符一〇〇枚の寄贈があった。この時、現金が底をつく窮状を救ったのが、医師・浅羽佐喜太郎《あさばさきたろう》▲であった。浅羽はかつて留学生のグエン・ターイ・バットの窮状を救ったことがあった。そ

▼日仏協約　日露戦争後、韓国を保護国化した一九〇五年の第二次日韓協約に続いて、日本が〇七年にフランスとの間で締結した協約。それぞれの植民地権益を相互に承認したもので、日本はフランスのインドシナにおける植民地支配を容認し、東遊運動の取締りを約束した。

▼浅羽佐喜太郎（一八六七〜一九一〇）　現在の静岡県袋井市である東浅羽村の生まれ。神奈川県小田原市国府津町と東浅羽村に医院を開業。行倒れになっていた東遊運動留学生のグエン・ターイ・バットを浅羽が助けたことから交流が生まれ、その縁で、〇八年、日本政府からの弾圧で窮地に陥っていたチャウに大金を提供し救った。〇九年にチャウは日本を退去し、一〇年に浅羽は病死した。一七年にチャウは日本を訪れ、浅羽の死を知る。翌年、再来日したチャウは東浅羽村を訪れ、同村の協力もえて、浅羽に感謝する記念碑を浅羽の菩提寺・常林寺（現在の袋井市）に建立した。碑文でチャウは浅羽を「古今に類なき義侠のお方」と讃えている。

の縁にすがる思いでチャウは浅羽に無心の手紙を送ると、すぐに返事がきて当時のお金で一七〇〇円もの大金を送金してくれた。チャウたちはこのお金を外交費、印刷費、在留費に振り向けることができた。一九〇九年三月、チャウは横浜港から日本を出国した。前年末の留学生強制的解散から数カ月後であった。ベトナム公憲会は発足後わずか一年半にして自然消滅した。日本政府によるクオン・デの国外追放(一九〇九年十一月)に抗議する手紙を同年十二月にチャウは小村寿太郎外務大臣に送っている。この書簡では日本政府がクオン・デの追放ばかりでなく、フランスに屈服し、ベトナム民族解放運動を安売りしたことを批判している。日本政府による東遊運動への弾圧があった一方で、浅羽佐喜太郎、柏原文太郎▲、宮崎滔天などによる民間からの支援があったことに感謝の念をチャウは持ち続けていた。東遊運動が挫折したことにより、維新会は事実上崩壊した。クオン・デは上海経由で香港に逃れた。

一九一〇年、日本の武器商人から日本軍の旧式武器を購入していたチャウは、秘密援助とベトナム国内へのルートを開拓しようとしたが、香港でイギリス当局に武器を押収されてしまった。彼は武器取引のためにシンガポールにも赴く

剛所造於敝國且千萬世不朽。若以此
多言重犯貴大臣之怒。則賜一言曰。
越南犯人某。其必速來而受大日本
帝國之裁判。某亦即速赴命。或者
貴大臣捕送於佛庭乎。死且不避。
書至此。(佛領)原越南國亡命客潘
佩珠。
大日本帝國外務大臣小村壽
太郎閣下
越南潘佩珠拜

小村寿太郎外相への書簡の一部

▼**柏原文太郎**(一八六九〜一九三六) 千葉県成田市生まれ。日中関係と私学教育に尽力した政治家・教育家。一八九九年、東亜同文会(一八九八年成立。近衛篤麿会長)の幹事として、康有為、梁啓超の世話をする。一九〇二年、根津一より、東京同文書院の運営を任される。ここは本来、清からの留学生を対象とする教育機関であった。〇〇年代後半、清国留学生が激減後、その空き施設を利用して目白中学(現・中央大学附属中学校・高等学校)を開設し、柏原が実質的な責任者となった。一二〜二〇年は立憲国民党の衆議院議員。二三〜三三年は目白中学校長。

が、運搬手段をうまく確保することができず、しばらく広東で身をひそめていた。一九一〇年秋、チャウと二〇名の同志はシャムへ向かった。それより以前に、シャム王室のはからいで集団農場をバンコクより歩行四日のピチット県に開いていた。シャムはフランス領インドシナの植民地当局と領土紛争をかかえて対立しており、チャウら革命党を支援する理由があった。

ファン・ボイ・チャウのアジア連帯の第一段階は東遊運動に幕が下りた一九〇九年までで、日本を「黄色人の長兄」だとするものであった。日仏協約後、東南アジアの知識人とのつながりもはかられるようになった。ベトナム人留学生が日本政府から追放されると、チャウと維新会は日本中心の「同文・同種・同州」思想から、中国を中心とする「同病」(帝国主義・植民地主義の抑圧を同じく受けていること)へと転換していくことになる。日本の帝国主義的側面に批判をもちつつも、彼の著作『連亜芻言《れんあすうげん》』(一九一一年)にみられるように、中日同盟がアジア各国の独立運動の成功の鍵だとする中日合作論の考えは依然として保持されていた。

チャウの著作活動

ここで、東遊運動期のチャウの著作をとおして、彼の民族運動論、国民国家論を検討していきたい。

東遊運動期のチャウの代表的な三つの著作である『越南国史考』(一九〇九年)、『越南亡国史』(〇五年)、『新越南』(〇七年)は、いわばベトナムの過去、現在、未来を論じたものだといえる。このなかで『越南亡国史』は、朝鮮でも玄《ヒョン》采《チェ》によって国漢文混用体に翻訳・出版され、広く読まれ大きな関心を呼んだという。チャウは、ベトナムの歴史を論じるために進化の法則を適用し、『越南国史考』において自国の歴史を野蛮から開化そして文明へと段階論的にとらえ、歴史を王朝史の「家史」から「国史(民族史)」へと変え、民族間・国家間の生存競争を強調した。チャウは『越南亡国史』にみられるようにフランスの植民地支配による「滅種」の現状への危機感を募らせた。その危機感は優勝劣敗を旨とする社会進化論▲的認識からきている。チャウが社会進化論を受け入れたのは渡日前後で、厳復や梁啓超の思想的影響を受け、世界の激しい競争をより明確にし「合群・保種」する理論としてであった。チャウは社会進化論とともに

▼**社会進化論**　社会ダーウィニズムといわれることもある。ダーウィンの生物進化論を社会の歴史的変動に適用した考えで、一九世紀末から二〇世紀初期にかけて世界的に広がった。適者生存・優勝劣敗という発想から強者の論理となり、帝国主義による侵略や植民地化を正当化する論理になったとされる。中国では厳復がハクスリーの『進化と倫理』を翻訳した『天演論』を一八九八年に刊行し、この思想を紹介し、二〇世紀初のベトナムの知識人たちにも大きな影響を与えた。梁啓超は『清議報』(一八九八年創刊)に「過度時代論」など進化論にもとづいた論文を発表している。

『易経』の「変通」および「自強」をもって変革の論理としていた(『人生哲学』)。さらにチャウは『新越南』で、植民地支配から脱したあかつきのベトナム国家像を「十大快」としてまとめている。その「十大快」とは、①「保護」する強国がない、②民を害する官吏がいない、③不満をもつ民がいない、④栄誉をえられない兵士がいない、⑤不平等な税や賦役がない、⑥不公平な刑律がない、⑦優れた教育がおこなわれている、⑧未開発の土地・資源がない、⑨工芸の発達、⑩商業の繁栄、である。チャウは独立後の国家像に明確に言及した最初の人であった。

『越南亡国史』や「勧国民資助遊学文」(一九〇五年)などでファン・ボイ・チャウは東遊運動への勧誘をおこなっているが、これらの著作をとおして彼の民族運動論をみてみる。チャウは広範な社会階層に依拠して運動を展開しようとした。『越南亡国史』では、名門の人、阮朝に忠誠な臣下、カトリック教徒、貧民、黄色人の五つがあげられている。『海外血書』(一九〇六年)では、富豪、在職官吏、権貴家の子弟、カトリック教徒、水・陸軍兵士、徒党・会党、通訳・秘書・ボーイ、女性、敵に殺された人の子弟、海外留学生、の一〇である。

上述したようにここには農民や労働者は出てきていない。また少数民族もあげられていない。かつての文紳運動では「平西殺左」を掲げ反キリスト教的主張が鮮明であったが、チャウは植民地主義の手先としてのカトリック教会を激しく批判したものの(『越南亡国史』や『天か帝か』など)、カトリック教徒も救国運動の担い手として含め、「信仰の自由」を唱えた。実際に東遊運動には一〇名ほどのカトリック教徒も留学生になっているし、カトリック司祭のマイ・ラオ・バン(枚老蚌)はチャウの盟友ともいうべき存在であった。一九世紀後半の改革思想家グエン・チュオン・トの「教門論」(一八六三年)のようにチャウより以前にもカトリックの信徒と非信徒の団結を唱えた人はいるが、チャウにしてはじめてそれは救国の綱領の重要問題だとされた。また女性も民族運動の担い手だとされたことも注目すべき新しい点である。チャウは広範な層の結集を唱えているが、その運動体のまとまりを「同胞」「国民」と呼んだ。執筆時期は異なるが『重光心史』(一九一七・一八年頃)という漢文著作の冒頭に「起て、起て、起て。我が同胞。我が国民」と書かれているのがそのことをよく示している。「同胞」は同心・団結すべきものであり、「同胞の義は国家の元気」だと考えられた。以下に述べるようにチャウにおいても政体論はないわけではないが、彼にとっては政体論よりも同胞の団結、国民の資格涵養がより喫緊の課題であった。

ファン・ボイ・チャウは、日本にきたばかりの頃は国家政体にはまだ関心なかったが、日本滞在経験をへて、日本での立憲君主制度を強く意識し、立憲的な国民国家論を提唱するようになった。チャウのように日本型の近代国家制度をモデルにしている例は、東京義塾のテキスト『国民読本▲』（一九〇七年）にもみられる。チャウは、『新越南』と『越南国史考』をとおしてはじめて国民国家論の考えを構築していったと考えられる。

『越南国史考』は、万国公法▲によれば国に三つの要素（人民、土地、主権）があり、もっとも重要なのは人民だとした（のちに一九二八年の『倫理問答』では主権だとしているが）。チャウは越南の人民をどのように考えたのであろうか。『越南亡国史』では亡国の惨状について描くのが主で、国民についてはあまり論じられていなかった。『海外血書続編』では、亡国の三大原因として、①国君、民あることを知らず、②国臣、同胞あることを知らず、③国民、国のある

▼『国民読本』　東京義塾で使用されたテキストの一つで、国民のあるべき姿を説いたもの。そのもともとは、イギリスで一八八六年に出版されたアーノルド・フォースター（Arnold Forster）著 The Citizen Reader だと考えられている。この本が日本に伝えられ、これをもとに高賀詵三郎の『国民讀本』（一八九〇年）や大隈重信の『国民讀本』（一九一〇年）などが刊行された。中国では二〇世紀初頭に日本語版の影響を受け、朱樹人の『國民讀本』（一九〇三年）が刊行された。この中国語版がさらにベトナムに影響を与え、『新訂國民讀本』（一九〇七年）となった。中国語版とベトナム語版はかなり似ている。

▼万国公法　国際法の旧訳語。東アジアで国際法が紹介されたのは、中国における米国宣教師ウィリアム・マーチン（中国名は丁韙良）がヘンリー・ホイートンの国際法の教科書 Element of International Law を翻訳した『万国公法』（一八六四年）が始め。中国での刊行後、日本にはすぐにもたらされ、六五年に開成所の漢訳復刻版が出版された。朝鮮に

『万国公法』がもたらされたのは七七年とされる（異説あり）。ベトナムでは、改革派官僚ファム・フー・トゥー（范富庶）などの手により七〇年代後半に漢訳が復刻された。

ことを知らず、をあげていた。「君臣民」の枠組みがチャウのなかでまだ残っているが、このような状況の克服がめざされた。国民の責任と義務である「公徳」が『新越南』ではじめて提起され、『越南国史考』でより明確に説明されるようになり、国民形成が課題とされるようになったといえる。これには梁啓超の『新民説』の影響を強く受けていると思われる。

それではチャウのいう国民はどのような範囲の人間集団なのだろうか。上述したチャウの民族運動の呼びかけ対象に少数民族が含まれていないのにみられるように、チャウのいう国民は少数民族を含まないベトナムの主要民族キン族の「エスノ・ナショナリズム」だとするとらえ方がある。一方、『越南国史考』では、人口を論じたところで、ベトナムの三圻の人口数とともに、ラオスやカンボジアの人口数も併記されている記述がある。これからすると、インドシナ全体の人々を包含していると考えられなくもないが、彼は明確には述べていない。『越南国史考』では、「占城（チャンパー）辺境蛮地の経理における困難」と題された章があり、三圻領域内の少数民族もベトナムの国民のなかに組みいれられているが、ラオス人、カンボジア人ははいっていない。これからすると三圻領域内の少数民族は民族運動の呼びかけの対象とはまだ考えられていなかったが、国民として包摂される対象となっていたのではないかと思われる。以上から、チャウのナショナリズムはベトナム領域(三圻)内の「現地人ナショナリズム」であり、フランス領植民地国家の「インドシナ人」のナショナリズムや、分割された「圻」のナショナリズムではなかった。また主要民族であるキン族のみを対象としたものでもなかった。このように域内の少数民族を包摂する一方で、少数民族を蔑視し他者化するベクトルも有していた。チャウの『越南国史考』では、チャンパー王国▲やチャム人を生存競争の敗者・疎外者としてみ、社会進化論的観点からベトナムに併呑されたのも当然であるといった蔑視の態度がうかがえる。

次に、越南の領土をどのように考えたのであろうか。チャウが考えていた国土は、歴代王朝の版図を継承し(『越南国史考』の第八章第三節)、また植民地下のベトナムの領域(三圻)を継承したものであった。チャウの『新越南』では「わが国土、西に暹羅《シャム》を控え、北は粤滇《えってん》(広東と雲南)に通じ、東は大海に連なり、南は崑崙《こんろん》(コンソン島)に接する」と表現されている。ここでは「西にシャムを

▼チャンパー王国　かつてベトナム中部から中南部にチャム人が築いた王国。中国史料では林邑(二〜八世紀)、環王(八〜九世紀)、占城(九〜一五世紀)と呼んでいる。海上貿易で栄えたが、一〇世紀後半にはアンコール朝の支配をしばしば受けた。またベトナム勢力とも抗争し、しだいにその南下を許した。一五世紀、ヴィジャヤ王朝(中部)とパーンドゥランガ王朝(中南部)に分裂。ヴィジャヤ王朝は一四七一年、黎聖宗により滅ぼされ、黎朝がベトナム中部全域を支配するようになった。一七世紀末になると、広南阮氏がパーンドゥランガ王朝を支配下におき、順城鎮と改称した。一八三二年、阮朝の明命帝は順城鎮を廃し、チャンパー王国は滅亡した。現在、チャム人はベトナム国内の少数民族として存在している。

控え」とあり、カンボジアやラオスについても含まれているかのようで曖昧であるが、続く箇所で「其中若乂安四鎮、北圻十洲、広治二甘、南圻一舎（そのなかにゲアン省では四鎮、北圻には十洲、クアンチにはカムロとカムリン、南圻には水舎国と火舎国がある）」とあるので、少数民族地区を含む三圻が想定されているといえる。

『新越南』ではじめて国家主権と民権について言及されるようになった。チャウは『新越南』で、大要、次のように政体論を述べている。

維新をした時には、民智は広がり、民気は強大になり、民権はかならず発展する。わが国の運命は全人民が握る。首都には大きな議院をおき、すべての政治は公衆が決定する。上議院、中議院、下議院があり、下議院は上議院と中議院の仕事を多数の公衆が批准する権利をもつところ。上議院は下議院の同意をえなければならない。貴賤貧富老若を問わず、わが国の民は投票する義務をもつ。国王をおくか廃するか、官吏を罷免するか昇格させるか、わが民が決定権をもつ。暴虐な国王、貪官汚吏は議院が審議して、憲法にもとづき懲罰する。

▼**立憲革命**　憲法制定による立憲国家化（多くは立憲君主国化）をめざすもの。アジアで最初の憲法はオスマン・トルコのミドハト憲法（一八七六年）。ついで大日本帝国憲法（一八八九年）。イランの立憲革命は一九〇五〜一一年に、タイの立憲革命は一九三二年に起きている。中国では一九一二年に臨時約法が制定されている。

ここでは専制君主制から脱して、民権を伸長させ、議会（二院制）の開設と憲法施行による立憲君主制（君主制にかならずしも固執しているわけではないが）を確立するとされている。『越南国史考』では、国家の独立主権と民権思想の関係について独特の論点が打ち出されており、①国家の独立と主権が第一におかれる、②民権は国家の独立主権と結合しなければならない、とされている。民権は国権獲得のための手段とされているのである。

以上みてきたように、チャウは立憲君主の国民国家を標榜したといえる。渡日後、孫文と会い、共和政体を知るも、まだこの段階ではベトナムには合わないと判断していた。まずここで重要だと思われるのは立憲を提唱したということである。一九世紀後半から二〇世紀前半にかけて近代化をめざす、トルコ、イラン、タイなどのアジアの国家では「立憲革命▲」がおこなわれている。ベトナムにおいて、ファン・ボイ・チャウは立憲問題を唱えた最初の人であると評価できる。チャウは武装闘争で独立（主権）を獲得し、立憲君主国家をめざした。梁啓超の君主立憲は清朝の維持を唱えているが、チャウのそれは阮朝の維持を明言しておらず、がちがちの君主主義者ではなかった。身分制を打破して均質な国民形成をしていくという主張は弱いが、「普通選挙」を構想し、団結する「同胞」と公徳を備えた「国民」による立憲君主制の国民国家概念を最初に認識し提唱したベトナム人であるといえる。その点で、一九二〇年代以降になって国民国家論を唱えるようになったファン・チュー・チンやフイン・トゥック・カンと比べてチャウは先進的であったといえる。これはチンやカンと違って、チャウが長期に日本に滞在し当時の日本の政体に大きな影響を受けたことがその一因だと考えられる。このように二〇世紀初、ベトナムではチャウによって国民国家の考え方がもたれるようになった。一般的に、ベネディクト・アンダーソン▲のように「植民地ナショナリズム」は一九二〇年代から生じたとみられることが多いが、ベトナムではナショナリズムの成立を二〇世紀初頭にたどることができよう。これは中国の「新書」や東遊運動による日本滞在経験といった東アジアの交流が促したものであるといえる。チャウは偏狭なナショナリストではなく、反帝同盟のようなものをつくってたがいに助け合う国際連帯に開かれたナショナリズムを標榜していた。

▼ベネディクト・アンダーソン（一九三六〜二〇一五）　アメリカの東南アジア史研究者。その著作『想像の共同体(Imagined Communities)』(原著初版一九八三年)はいまやナショナリズム研究の古典となっている。同著では、ナショナリズムの歴史を、クレオール・ナショナリズム、民衆ナショナリズム、公定ナショナリズム、植民地ナショナリズムとたどり、植民地ナショナリズムのなかでインドシナとインドネシアのナショナリズムを対比的に考察している。

③―光復会と第一次世界大戦

光復会結成

　一九一一年十月、中国で辛亥革命▲が勃発した。その時、ファン・ボイ・チャウはシャムにいた。チャウは、日中が団結し相互が援助し合えば、欧州に対抗しうる強大な勢力となり、ベトナムのみならずインドもフィリピンも同時に独立できる可能性があると考え、『連亜蒭言』を執筆し、それをたずさえ中国へ向かった。一九一二年、チャウは上海で日本にいた頃からの知り合いである陳《ちん》其美《きび》と会い、胡漢民をとおして孫文、黄興とも会った。チャウは中国の革命党員との連携を強く念頭においていた。陳其美らから財政的援助を受け、一九一二年旧暦二月上旬(五月あるいは六月との説も)、広東にある劉永福の祠堂で一〇〇人前後が集まり、維新会にかわるベトナム光復会を結成した。チャウは、日本在住中から君主、民主の両政体の優劣を検討し、またルソー、モンテスキューを読み、日本に亡命していた中国革命党の人々と交流するなかで、その頃から民主主義の思想をしだいに抱くようになっていた。光復会設立にあたって、

▼**辛亥革命**　一九一一年に中国同盟会によって実行された中国の革命。一二年初に孫文を大総統とする中華民国臨時政府を樹立し、アジアで最初の共和国が誕生した。同年二月には清の宣統帝が退位して清朝が滅び、袁世凱が孫文にかわって臨時大総統に就任した。一三年、孫文による第二革命は袁世凱に鎮圧され、袁は一時期、中華帝国皇帝に即位した。袁の死後、孫文は一七年に護法軍政府(広東軍政府)を組織した。

越南民國光復軍軍用銀票佰圓

同会の主義は激論の末、多数決で民主主義が採決され、共和民国をめざすことになった。これは維新会からの大きな転換であった。光復会は武装暴動路線を堅持する一方、工商業の発展、啓蒙、人材育成など維新も唱えた。光復会は中国同盟会の三大主義の影響を受けているが、「平均地権」を綱領にいれることはなかった。

光復会はクオン・デが会長となり、チャウが総理に指名された。同会には三大部（総務部、評議部、執行部）がおかれ、評議部には北中南の代表（北圻はグエン・トゥオン・ヒエン、中圻はファン・ボイ・チャウ、南圻はグエン・タイン・ヒエン）が配置された。執行部には、軍務委員、経済委員、交際委員、文書委員、庶務委員がおかれた。光復会は臨時政府としての体裁をもち、五星連珠式の国旗を制定し（五星は「五大部」を表すとされている。五大部については、仏領インドシナにおけるベトナムの三圻とカンボジア・ラオスを示すとする意見と、士農工商兵を示すとする見方がある）、軍隊として光復軍があった。光復軍には軍規である「光復軍方略」が制定されていた。また軍票も発行されていた。維新会と比べ、思想的・組織的・認識的に長足の進歩であった。しかし一九〇七・〇八年に植民地当局による国内外の民族運動への取締り・弾圧が厳しくなっていたため、光復会は維新会のような大衆運動的要素を国内に展開することができず、革命テロ組織としての性格が濃かった。

一九一二年夏、中国の人々から援助をあおぐために、振華興亜会が結成された。この会にはアジアの被抑圧民族活動家二〇〇名あまりが参加した。広東人の鄧警亜が会長となった。この会は「振興中華、援越、排仏」を掲げ、行動計画ではベトナム光復会を援助し、第一段階でベトナム、第二段階でインドとビルマ、第三段階で朝鮮の支援が予定されていたという。光復会と振華興亜会の二つの組織は密接で、光復会には中国人も参加していた。東遊運動初期のようにベトナム国内からの支援金の送金がほとんど期待できず、光復会は資金繰りに苦しみ、中国の人々の支援に大きく依拠せざるをえなかった。光復会は一九一二年秋に何人かを帰国させ、数件の暗殺団テロを企てた。一九一三年、北圻での暗殺爆破事件が発生し、それにより多数の人が逮捕され、同年秋に公判が開かれた。一四人に死刑宣告が下された（六人が死刑執行）。クオン・デやチャウも欠席裁判で死刑を宣告された。一九一三年半ば、袁世凱派であった広東省

▼**鄧警亜**（一八八九〜一九七二）　広東人で、一九一〇年に広州において潘達微、兄の鄧慕韓（一八八一〜一九五三年）らとともに、広東の中国同盟会唯一の機関紙である『平民日報』を創刊。また武昌起義勃発後、潘、慕韓と広東独立をはかって、両広総督張鳴岐に説得工作をおこなった。一九一七年、広東軍政府が樹立されると、内政部僉事となる。

長・龍済光が光復会に解散命令を下した。クオン・デは危うく難を逃れたが、第一次世界大戦勃発前の一九一四年一月にチャウと盟友マイ・ラオ・バンは逮捕され、広東の監獄に収容された。グエン・トゥオン・ヒエンが段祺瑞《だんきずい》▲に働きかけ、段の介入により、フランス当局への身柄引き渡しや死刑は危うくまぬがれた。

投獄されたチャウは、命旦夕《めいたんせき》に迫ると感じ、一九一四年一月の入獄後三日間で自伝的性格の強い『獄中記』を執筆した。チャウが獄中にいる間も光復会によるテロリズムは続いた。一九一五年秋、光復会はタイ駐在のドイツ公館から資金援助を受け、この資金によってベトナム国内のフランス兵営を攻撃しようとしたが、さしたる成果をあげることはできなかった。一九一六年にはフエでの蜂起が企てられた。北圻のターイグエンでの兵士の蜂起（一九一七年）は第一次世界大戦中の光復会の最大の蜂起であり、最大の成果の一つであった。この蜂起のリーダーは、東遊運動の留学生だったルオン・ゴック・クエンであった。一九一七年初、孫文が広州で広東軍政府を樹立すると、チャウを逮捕した龍済光が敗走し、同年春にチャウは瓊州で釈放され、四月に広東に向かった。彼は、

▼**段祺瑞**（一八六五～一九三六）　北洋軍閥安徽派の首領。袁世凱のもとで活躍し、辛亥革命後は北京政府陸軍総長・国務総理に就任。袁の死後、北京政府の実権を握った。一九一七・一八年、日本は援段政策をとり、西原借款などの援助をした。第一次世界大戦後、段は安直戦争（安徽派と直隷派の抗争）に敗れ、いったん下野した。二四年、北京で臨時執政に就任したが、南方革命派や学生運動と対立し、二六年に辞職。

東遊運動の留学生であったレ・ズー(黎輿、あるいは楚狂)から活動資金を受け取り、日本の対独外交の状況を知るため短期間渡日し、杭州へ戻った。チャウは、欧州大戦の混乱に乗じて反仏蜂起をはかろうと、雲南経由でベトナムに潜入しようと試み、一九一八年七月に杭州を出発し、十一月、雲南省昆明に到着した。その時に、欧州大戦はドイツが敗れ、フランスの勝利に終わったことを知り落胆し、あきらめて杭州に戻った。

東遊運動後、チャウと日本の関係は完全に断絶したわけではなかった。日中合心論を唱えた『連亜蒭言』の販売・流布に関してはタイや中国に在留していた日本人支援者の関与がうかがえる。また東遊運動の支援者である柏原文太郎とは数回にわたって手紙のやり取りをしている。チャウは日本の政治家には不信と失望をもっていたが、柏原に対しては異なっていた。さらに一九一八年二月、チャウは東遊運動の留学生であったリュウ・イエン・ダン(またの名はリー・チョン・バー)と来日し、静岡にて浅羽佐喜太郎への感謝の碑文を建立している(同年三月)。

戦後の思想的動揺

第一次世界大戦後、ファン・ボイ・チャウの思想は大きくゆれ動いた。フランス植民地当局は一九一七年に漢文・フランス語・ベトナム語の三言語による雑誌『南風』を創刊させ、また「学政総規」によりインドシナ大学をはじめとする教育機関の充実をはかるなど、ベトナム知識人の取り込みにより力をそそぐようになった。戦後には、ロシア十月革命やウィルソン米大統領提唱の民族自決主義▲の影響もみられるようになった。

一九一九年にファン・ボイ・チャウは『仏越提携政見書』（原著は『法越提携政見書』。以下、『政見書』と略記）を書き、それまでの反仏武力闘争の主張を一八〇度転換した。自伝の『自判』（『潘佩珠年表』と題されることもある。執筆時期に諸説あり。一九二五・二六年以降）によれば、レ・ズーとファン・バー・ゴックに使嗾《しそう》されて執筆したとしている。『政見書』の内容は、日本の脅威による在インドシナのフランス人の五つの危険とベトナム人の三つの危険を指摘して日本の台頭と脅威を強調し、日本の軍事的脅威を前に、フランスはインドシナにおいて日本軍に対抗できず、またベトナムにとって日本が侵略するとベトナ

▼民族自決主義　各民族が自らの意志にもとづいて、その帰属や政治的組織などを決する権利。一九一八年に米国のウィルソン大統領が「一四か条の平和原則」のなかで民族自決を提唱し、ベルサイユ条約での原則となった。しかしその民族自決の原則はヨーロッパにおける民族を想定していたものであった。とはいえ、第一次大戦後の東アジアの民族主義にも大きな影響を与えた。一九年には朝鮮の三・一独立運動、中国の五・四運動が起こった。ベトナムでは二〇年代、ベトナム民族が一国を形成するに足る「国民の資格」の有無の議論が盛んになった。

『法越提携政見書』

ム民族は滅亡するので、双方の共存をはかるために協力する必要があるとするものであった。そのためにはフランスはベトナム人を牛馬のようにみないで、しかるべくあつかい、ベトナム人はフランス人を敵とみずに、師や良き友とみるべきだとしている。この著作においては、日本脅威論が打ち出されていることがまず注目される。チャウは『政見書』を執筆したものの、実際にはチャウとフランス植民地当局の歩み寄りは決裂し、チャウは、革命運動を放棄すれば帰国を認め特別待遇するとのサロー総督からの懐柔的申し出を断った。しかしこれ以降、チャウの「暴動」路線がゆらぎだし、「暴力革命」から「文明革命」と呼ばれる「改良主義」の考えがもたれるようになった。『政見書』以降の著作である『予九年来所持之主義』『ガンディー』『天か帝か』などにもそれはうかがえる。

一九二〇年から二一年、ファン・ボイ・チャウは北京、杭州、広東を往復し、売文生活を送っていた。二二年からは杭州に腰を落ち着けた。『越南義烈史』の書きなおしをし、『亜州之福音』『予九年来所持之主義』を執筆した。とくに『予九年来所持之主義』は第一次世界大戦後の世界情勢を前にして、武装闘争から離脱していく彼の考えが明確にされている。パリ講和会議後に書かれたこの著作のなかでは、ウィルソン主義が世界的に喧伝されている状況下、「暴力革命」ではなく「文明革命」が真正な独立への道だとされ、「暴力革命」を捨てて文明化をはかり、独立を達成していくこと、それが仏越双方にとって幸福だと主張されている。「日本は強国だと承知しているが、彼らも自分たちと一緒のアジアの種である。われわれはある毒をもって他の毒を除去した方が、手をこまねいて死を待つよりはるかにいい。それは私がこの九年間考えてきたところであるが、最善の方針は『種を選んで時を待つ』説である。今後万一その説が実行できなければ、はじめて『毒をもって毒を制す』説を用いる」としている。その一方で一九二一年には『亜洲之福音』を書いて、日中間の摩擦により実現が難しくなったとしているものの、依然として日中合作も説いているとされる。

さらに『ガンディー』(一九二二年)あるいは『医魂丹』(二二年)では、インドのガンディーの非暴力による平和革命を称賛している。「暴力による革命は暴虐さを少しも減じることなく、逆にそれは他の暴虐行為を生み出すだけ。そのため暴力によるすべての方法に私は反対する」と述べている。『天か帝か』(一九二三年)は、フランスの植民地支配の苛酷さを断罪したものであるが、この著作では独立の目的については言及されず、「ヴェトナム人の要求はすなわち、ただ天賦人権の一小部分のみ」とされているだけである。また二〇世紀初頭は社会進化論的認識が強かったのと比べて、天賦人権的認識がみられるようになったのが注目される。以上でみてきたように、一九一八〜二三年の時期、ファン・ボイ・チャウは仏越提携論を唱え、サロー総督の申し出は拒否したものの、武装闘争から非暴力革命へと路線を変えたのである。

チャウが仏越提携論を唱えるようになったことについては、研究者の間でさまざまな意見がある。とはいってもベトナム国内では政治的に繊細な問題であり、いわばチャウの「暗黒史」ともいえるので、ファン・ボイ・チャウに関する研究は汗牛充棟であるのに、この問題について真正面から言及したものはいたって少ない。ベトナム近代思想史研究の礎を築いたチャン・ヴァン・ザウ▲は、『仏越提携政見書』によってチャウは「暴動革命路線」を捨て、その後の『ファム・ホン・ターイ伝』(一九二四年)、「ベトナム国民党の声明書」(二四年)など

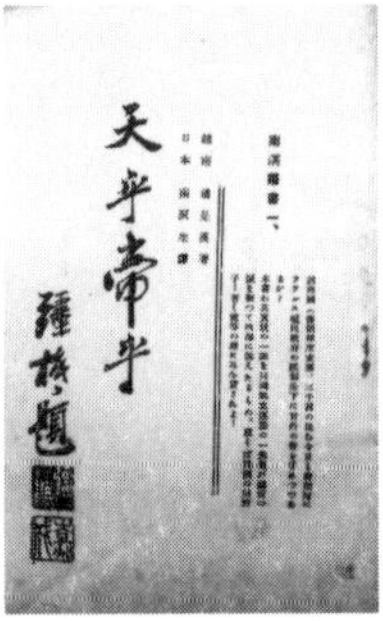

『天か帝か』の翻訳本

▼チャン・ヴァン・ザウ(一九一一〜二〇一〇)　南部の裕福な地主の家に生まれる。サイゴンの名門リセで学んだのち、フランスに留学。一九二九年、フランス共産党に入党。翌年、イエンバイ蜂起指導者の死刑判決反対デモ参加により、国外追放。帰国して革命活動に加わり、インドシナ共産党に入党。三一年、ソ連に渡り、東方大学で学ぶ。卒業後帰国して、革命活動を再開するが、三〇年代後半から四〇年代はじめに投獄される。四三年、南圻党委員会により書記に選ばれる。四五年の八月革命後、南部臨時行政委員会主席に就任し、同年九月には南部抗戦委員会主席に。四九年、北部に移り、五一年から教育部門に異動。五六年にハノイ総合大学史学科主任となり、研

究書を多数執筆するとともに多くの著名な歴史学者を育てた。六二〜七五年には史学院でも活動。南北統一後、ホーチミン市に移住した。

で暴力革命路線に復帰し社会主義への模索がみられるものの、逮捕された二五年以降、フエ軟禁時代には仏越提携論思想に戻り、第一次世界大戦後、チャウはもはや民族民主革命の旗頭ではなかったとする。チャン・ヴァン・ザウは、暴力革命があくまでベトナム革命の主流であり、仏越提携論はそれからの逸脱であり、それをチャウが唱えたことはチャウの思想的後退だとする。『ファン・ボイ・チャウ全集』の編纂者でファン・ボイ・チャウ研究の第一人者チュオン・タウは、チャウが仏越提携論を唱えたのは戦術的な問題（裏をかく作戦）だという。チャウは復讐の志を堅持し、革命の進展を期するためにフランス側とデタントをしたのだという。実際には、サロー総督の懐柔策にチャウは乗ることはなく、志士の節を曲げることはなかった。晩年にチャウは仏越提携論に戻ったとする見方もあるが、チャウの公刊本のなかでは仏越提携論には言及しておらず、またフランス人高官との会見で仏越提携論に言及しているのは、社交辞令であって彼の真意ではないとする。チュオン・タウもチャウの暴力革命路線を高く評価し、それがチャウでは一貫されており、仏越提携論は戦術的な作戦にすぎないとしている。現代ベトナムの研究者グエン・ディン・チューは、チャウにとって民族独立が唯一の目的であって、どの主義も手段にすぎないとし、チャウは「暴動」一辺倒ではなく「暴動」と「改良」の両側面があり、状況によって使い分けてきたのだという。グエン・ディン・チューにおいては、チャン・ヴァン・ザウやチュオン・タウと比べて「暴動」の価値が相対的に低くなっており、チャウにおける「改良主義」的側面を肯定的にとらえるようになってきている点が前の二者とは異なる。

暴力路線への回帰から逮捕まで

一九二二・二三年、中国におけるベトナムの愛国青年の運動に変化が起きつつあった。この頃、中国には一〇〇人ほどのベトナム人活動家がおり、ファン・ボイ・チャウなどの杭州グループとダン・トゥ・マンなどの広州グループが二大勢力であった。広州グループのなかで、二〇年代になってから中国に渡ってきたレ・ホン・ソン、ホー・トゥン・マウらは青年だけの組織心心社《タムタムサー》を結成していた。この組織は光復会との精神的つながりをもつものの、チャウの影響から離れることを意図していた。その後、心心社の一部は、グエン・アイ・

クオック（のちのホー・チ・ミン）の説得により、「共産団」をへて、ベトナム青年革命同志会（またはベトナム革命青年会。ベトナム共産党の前身組織）に加わっていく。折しも、一九二四年六月、そのメンバーであるファム・ホン・ターイ▲が広州の沙面でメルラン総督の暗殺をはかり、失敗して投身自殺するという事件が発生した。メルラン総督は日本訪問の帰途に広東に立ち寄ったところだった。チャウはこの事件をきっかけに、ふたたび思想を過激化させ、光復会からベトナム国民党への改組に動いた。数日後、チャウは「ベトナム国民党の声明書」を発表した。また『ファム・ホン・ターイ伝』を執筆した。

　チャウは仏越提携論を主張する一方、ロシア十月革命にも関心をもつようになっていた。一九二〇年には布施勝治《ふせかつじ》▲の『露国革命記』だと推定される本（チャウの自伝では『俄羅斯真相調査』と記載）を翻訳し、ロシア革命について紹介している。一九二一年には、「赤いロシア国の偉人レーニンの話」を『兵事雑誌』に掲載した。その後、北京でチャウは北京大学校長の蔡元培をたずね、彼の紹介でロシア労農政府中国派遣団長、駐華大使カラハンや参事官の面識をえたという（第一次国共合作成立前後の頃か）。この参事官にチャウはロシアへの留

▼ファム・ホン・ターイ（范鴻泰、一八九五・九六頃〜一九二四）　ゲアン出身。シャムを経由して、一九一八年頃、中国の広州にたどり着く。一九二四年、心心社に加入。同年、広州の沙面でメルラン総督の暗殺を企てるも失敗に終わり、投身自殺する。のちに、広州の黄花崗公園に埋葬される。

▼布施勝治（一八八六〜一九五三）　東京日日新聞社（現毎日新聞社）のペトログラード特派員を務めたロシア通の記者。一九二〇年、レーニンと会見する。『露国革命記』（一九一八年初版）はロシア革命実見記。ジョン・リードの『世界を震撼させた十日間』（一九一九年初版）よりも早く刊行。

学生派遣について打診したという。しかしその後、チャウのソ連への具体的働きかけはみられない。

この時期のファン・ボイ・チャウの社会主義への関心がうかがえるおもな著作としては次のようなものがある。①「レーニン伝、赤色ロシアの偉人」(一九二一年)。戦略家で人心収攬にたくみであり、労農国家を樹立したレーニンをたたえたもの。しかしこの著作からは、ホー・チ・ミンが大きな影響を受けたレーニンの著作「民族・植民地問題に関するテーゼ」を読んだ痕跡はうかがえない。②『空中縁』(二三年)。アメリカとソ連を舞台にした漢文小説。主人公の安琪儿(エンジェル)はアメリカに住んでいたが、無政府主義の本を所持していたために、追放され、フランスを経由してソ連に行き、満たされた生活を送り、コミンテルンに加入するというソ連礼賛の漢文小説である。③『ファム・ホン・ターイ伝』(二四年)。ファム・ホン・ターイのメルラン総督暗殺未遂事件に触発されたもので、この著作からチャウは、全国の人口の四分の三を占める労働者と農民の階級に依拠した「社会革命」を唱えるようになり、ふたたび暴力革命・テロリズム路線をとるようになった。この著作ではファム・ホン・

ターイを朝鮮人の安重根になぞらえ、たたえている。

一九二四年七月、ファン・ボイ・チャウはホー・トゥン・マウと会い、国民党結成の計画書を渡し、当時コミンテルンのエージェントとして中国にきていたグエン・アイ・クオックの意見を求めた。チャウとクオックは同郷であり、旧知の間柄であった。一九二五年七月(六月との説も)、チャウは上海でフランス領事館警察のかけた罠におち、とらえられてしまった。この時、チャウがグエン・アイ・クオックと実際に会ったのかどうか、またチャウをフランス官憲に「売った」のは誰かについては、諸説ある。日越交流史の研究者である故ヴィン・シン氏によれば、二人が会っていたとする代表的研究者はホアイ・タインで、会っていないとする研究者はフランスのジョルジュ・ブダレル、ヴィン・シン自身である。また首謀者についてヴィン・シンは、クオン・デの回想記では主犯はラム・ドゥック・トゥ(ベトナム光復会の会員で、のちに心心社やベトナム青年革命同志会のメンバー)だとし、ラム・ドゥック・トゥとグエン・トゥオン・フエンの二人が関与しているとしている。チュオン・タウは、チャウとクオックは会っていないとしており、ラム・ドゥック・トゥの関与を否定している。ベトナム国内で発行されているホー・チ・ミンの伝記のなかで、ダン・ホアの『ホーおじさん　外国での年月』(一九九〇年)は二人が邂逅する場面を描写している。またアメリカの研究者マカリスターはホー・チ・ミンも首謀者だとしている。

逮捕後、ファン・ボイ・チャウはフランス租界埠頭につないで待ちかまえていたフランスの軍艦に乗せられ、一路ベトナムへと連行された。ハイフォンをへて、ハノイで獄窓につながれ、チャウは十一月に裁判で死刑の宣告を受けた。全国各界から仏領インドシナ総督あてに陳情書、助命電報が殺到した。ヴァレンヌ総督は減刑嘆願運動を無視することはできず、チャウは死刑をまぬがれた。同年十二月には終身刑に減刑され、さらにフエに軟禁となった。チャウの減刑嘆願運動と一九二六年のサイゴンでのファン・チュー・チンの葬儀運動は、ベトナム民族運動の新旧交代を象徴するものとなった。一九二〇年代は、チャウやチンのような儒学者による運動ではなく、植民地体制下で学校教育を受けた新学知識人による「政党」が次々と登場し、民族運動の重要な役割を担うようになった。南圻ではブイ・クアン・チエウの立憲党(一九一九年創立。二三年公認。三九年まで）、グエン・アン・ニンの青年高望党（一九二三〜二九年）、中圻ではダオ・ズイ・アインやトン・クアン・フィエットらによる新越《タンベト》、北圻ではグエン・ターイ・ホックらによるベトナム国民党（一九二七年。三〇年に分裂）が結成された。共産主義政治団体も結成されるようになり、革命青年同志会が二五年に結成されたのち、同会の北圻支部が二九年にインドシナ共産党に、南圻を中心とするそれ以外の会員がアンナン共産党を結成し、新越もインドシナ共産連団へと変わった。これらの共産主義政治団体は三〇年にホー・チ・ミンの指導によって統一され、ベトナム共産党となり（その後まもなくインドシナ共産党と改称。現・ベトナム共産党）、今後のベトナム民族運動を牽引していくことになる。

④—フエ軟禁時代

ベングの老人と若者との交流

フエ時代のチャウは、香江《フォンザン》(フォン川)にほど近いベングの陋屋に蟄居し、「ベングの老人」と呼ばれた。反植民地運動の第一線からは取り残されることになったが、思索・執筆・講演活動を完全にやめたわけではなく、むしろ活発な著作活動をおこない、隠然たる影響力をもち続けた。ベトナム人研究者チャン・アイン・ヴィンの算定によれば、チャウはフエ時代のほぼ一五年間で約八〇〇の作品を創作し、それ以前の四三年間の四倍以上の作品を生み出した。この時代からのチャウの著作はおもに漢文ではなくローマ字表記のクオックグー▲で発表されることになる。また若き革命家の卵たちとの交流もあった。のちにベトナム人民軍隊大将となるヴォー・グエン・ザップ▲はフエでの勉学中にチャウの家をたびたび訪問していた。ザップ以外にも、レ・ズアン▲元ベトナム共産党書記長、有名な革命家で著述家でもあるチャン・フイ・リュウ、トン・クアン・フィエットなども若い頃、チャウの話を聞きに家を訪れていたとされている。

▼クオックグー　「国語」のベトナム語読みで、ベトナム語のローマ字表記のこと。もともとはカトリックの宣教師が考案した。ベトナムは長い間、漢字・漢文が正式な文字・文章語とされてきたが、フランスの植民地支配下で、クオックグーが普及するようになった。二〇世紀初頭の啓蒙運動でもその使用が主張されるようになった。一九一九年に科挙が幕を閉じると、さらにその普及が進んだ。

▼ヴォー・グエン・ザップ(一九一一〜二〇一三)　クアンビン出身。一九二五年にフエのリセ・国学(クオックホック)に入学。二七年、学生運動に加わったため、放校処分を受ける。同年、新越(タンベト)に入党。三〇年代にハノイに出て、学生生活を送るとともにジャーナリストとして活躍。三九年にはタンロン校で歴史教師になる。四〇年、中国に渡り、ホー・チ・ミンと会う。同年、インドシナ共産党に入党。四四年、ベトナム人民軍隊の前身であるベトナム宣伝解放軍の設立にかかわる。四五・四六年、建国まもないベトナム民主共和国の内相、国防相などを歴

任。四八年、大将、ベトナム人民軍隊総司令官に任じられる。五五〜七九年の長きにわたって副首相兼国防相を務める。八一〜八六年は副首相。九一年に政界引退。邦訳されている著作に『人民の戦争・人民の軍隊』（中央公論新社、二〇〇二）がある。

▼レ・ズアン（一九〇七〜八六）　クアンチ出身。二〇年代なかばに鉄道員として働き始め、二八年にタンベトに入党。さらに三〇年にインドシナ共産党（現ベトナム共産党）に入党。三七年、中圻の党委員会書記。四〇年〜四五年、コンダオ島に流刑される。四五年に出獄し、翌四六年から一〇年間ほど南部抗戦の指導。四六〜五四年、南部党委員会書記や南部中央局書記を務める。五七年、ハノイに異動し、党中央書記局入り。土地改革の混乱で辞任したチュオン・チン第一書記の代行を務める。六〇年のベトナム労働党（現共産党）第三回党大会で第一書記に選出される。六〇年代後半からは実質的な最高実力者としてベトナム戦争を指導。南北統一後のベトナム共産党では七六〜八六年に書記長。

フエ時代のチャウは思想的に後退あるいは停滞していただけではなく、新たな展開もみられた。以下では、チャウの国民論、アジア連帯論、仏越提携論、社会主義論、儒教論について検討していきたい。

国民論

一九二〇年代の後半、チャウは国民形成を唱える著作を次々と発表した。『男国民須知』（一九二六年）、『女国民須知』（二六年）、『高等国民』（二八年）などが代表的である。これらは基本的には東遊運動期の国民国家論を唱えた著作の内容を継承するものであり、「文明革命」の主張にそったものでもあった。チャウは、『高等国民』で天から賦与された人性には良知や種族を愛する心がもともと含まれており、それらを体現するには自分の心を「正心誠意」し、正気を発することが必要だとした。また人は天が与えた義務を負わなければならず、その最大なるものは国民としての義務である。それをまっとうできれば、権利、独立、自由をえることができ、それは天道にかなうことであるとした。

チャウの国民論には早くから不可欠のものとして女性が注目されていた。べトナムでは第一次世界大戦後の大規模植民地開発による社会構造の大きな変化にともない、一九二〇年代末から女性問題が『婦女新聞』▲などジャーナリズムのなかで主要な問題の一つとされるようになっていた。これらの論調では、男女平等、女性の社会参加、経済的自立などがおもに議論されたが、チャウの場合は国民の一部として女性の政治参加を強調している点がとりわけ特徴的であった。しかしチャウは、政治参加といっても具体的な女性の参政権、選挙権といった政治的権利に言及したのではなく、国民としての義務、責任をともに担うという側面からで、なかでも強調されたのが健全な国民を育成する「国民の母や妻」としての義務であった。『女国民須知』の最後の詩のなかで、お前の夫の名前はなんというかとたずねられて、「姓はベト、名はナム」と答えるくだりがあるが(このくだりは、ベトナム系アメリカ人の映画監督・評論家のトリン・T・ミンハが一九八九年制作の映画のタイトルに使用したことで有名)、このくだりがまさにそのことを端的に物語っている。チャウは儒教道徳の「三従」は否定していたが、「四徳(女工、女容、女言、女行)」は保持したうえで、国民としての「公徳」を主張していた。論説「婦女問題」(一九二八年)では、「女権」を

フエ市のチャウ旧居跡(現ファン・ボイ・チャウ記念館敷地内)

▼**『婦女新聞』**　サイゴンで発行された ベトナム語による週刊女性新聞。当時の人気新聞の一つで、一九二九〜三四年に刊行。最初の約一年間、著名人たちによる女性問題を議論する連載記事があり、それにファン・ボイ・チャウも寄稿していた。ベトナム最初の女性紙は『女界鐘』(一九一八年のみ)。ハノイでは女性紙『婦

単に国民の権利としてだけではなく、「人権」の一部としてとらえる考えもみられるようになっていた。

アジア連帯論

『亜洲之福音』(一九二一年)以降、アジアの連帯を唱えるチャウの著作はめだたなくなる。ではアジア連帯的要素はチャウにおいて、なくなってしまったのだろうか。『仏越提携政見書』では日本脅威論が唱えられるようになっていたが、日本との関係はどうなっていたのであろうか。とりわけかつて東遊運動の頃に支援していた東亜同文会をはじめとする日本のアジア主義者との関係はどうなっていたのであろうか。フエに軟禁中であり、外国人との接触も制限されていたので、チャウの側からそれをうかがわせるものはほとんど出てこない。チャウの別号である潘是漢の名前で日本の新聞『人類愛善新聞』の一九二九年一月十三日、二十三日、二月三日の三回にわたって「この事実を見よ　救主の再臨を待つ　越南三千万の東洋民族」と題する日本語の記事が掲載された(訳者名は記載なし)。『人類愛善新聞』は大本《おおもと》教▲(正式名称は大本〈おほもと〉)の傘下

女時談』(一九二〇～三四、三八年)が、フエでは『新進女性』(一九三一～三四年)が発行されていた。

▼大本教　一八九二年に京都府下の貧しい女性・出口なおに「艮の金神」が神懸りして始まった神道系の新宗教。なおと女婿の王仁三郎が教団組織を整備し、昭和初期に教団はおおいに発展する。しかし「国家神道」とはあい入れない教義をもっていたため、政府の弾圧を受けた。王仁三郎は一九二〇年代になると、中国の民衆宗教「世界紅卍字会」と提携して、朝鮮・満州での布教に努めた。人類愛善会は二五年に王仁三郎を初代総裁として創立された。大本教は三六年にベトナムのカオダイ教と提携関係を結んだともいわれる。

組織である人類愛善会（総裁は出口王仁三郎《でぐちおにさぶろう》）の機関紙である。

ファン・ボイ・チャウの著作が日本語に訳されて出版されたのは、『天か帝か』が一九二八年に南溟生によって、『獄中記』が二九年に南十字星によって翻訳されたものが最初である。『人類愛善新聞』の上記記事とほぼ同じ時期である。これは単なる偶然の一致とは思えない。南溟生については人物が特定されていないが、南十字星については何盛三《がもりぞう》（一八八五〜一九五一）だとの説が有力である。何盛三は、一九二九年に東京に住んでいた畿外侯クオン・デの住まいへの数少ない来訪者だといわれている。何盛三が所属していた老壮会（一九一八年創立）や猶存《ゆうぞん》社（一九一九年創立）の有力メンバーであったアジア主義者の満川亀太郎《みつかわかめたろう》は、二六年十一月に人類愛善協会で講演をおこなっている。また、満川亀太郎は東遊運動の残留ベトナム人でクオン・デの側近だった陳福安▲と密接な交流をもっていた。陳福安は同じく猶存社の有力メンバーでアジア主義者の西田税《にしだみつぎ》とも交流をもっていたことが西田の自伝に記されている。このように一九二〇年代まで、チャウと日本のアジア主義者との人脈的つながりが太いものではなかったにしろ、クオン・デや何盛三周辺に感じられる。「この事実を

▼**陳福安**（一八九七〜一九四一頃）
またの名をチャン・ヴァン・アン、チャン・ヒー・タインともいう。一九〇七年に東遊運動で来日。当時一〇歳で礫川小学校に入学。東遊運動が瓦解したあとも日本に残留し、成城中学、早稲田大学などで学ぶ。アジア主義者の満川亀太郎、西田税などと交流をもつ。第二次大戦中、クオン・デが会長の復国同盟の外務委員を務める。日本軍の北部ベトナム進駐のさいは、日本軍とともにハノイにはいる。その後、中国に戻り、一九四一年頃に広東で殺害されたという。

見よ　救主の再臨を待つ　越南三千万の東洋民族」は、内容的には白色人種、黄色人種といった「人種」の区別が強く残っている。しかし『連亜蒭言』や『亜洲之福音』にみられたような明確なアジア連帯の主張はもはやされていない。この記事は一九二〇年代末のチャウにおいてアジア連帯の痕跡をうかがわせるものの、連帯の主張が希薄になっていることを示すものだと考えられる。一九三一年の満州事変によって日中関係が決裂したことにより、日中を中軸としたチャウのアジア連帯論は完全についえたのではないかというのが筆者の推測である。後述するが、一九三〇年代の著作だと思われる『滅種予言』では、フランスに対抗するため、チャウは華越同盟論を唱えている。

仏越提携論

フエ軟禁後の一九二六年に「全国に通告する宣言書」でチャウはあらためて仏越提携論を提唱した。これ以降、とりわけ一九三〇年代にはいって（中断期があるが）、公開の刊行物においてチャウは仏越提携論を提唱する書簡・記事を再三寄稿している。ベトナム国内で発行されている二〇〇一年版『ファン・

ボイ・チャウ全集』に所収されているものだけでも、以下のものがある。
①「仏越提携についてL'Annam紙のインタビューに答える」（時期不明）
②「インドシナ総督に送る書簡」（一九二九年九月十一日付）
③「ポール・レイノー植民地大臣に送る書簡」（一九三一年十月付）
④「ヴァレンヌ氏と会談した一時間」（『民の声』紙一九三七年三月二日）
⑤「仏越提携主義を実行しなければならない」（『長安』紙一九三八年八月二十三日付）
⑥「階級闘争問題に関して」（『長安』紙一九三八年十月七日付）
⑦「私たちは誰のためにここを守るのか」（『旬礼』紙一九三八年十月十五日付）
⑧「シャテル理事長官に送る」（『東法』紙一九三九年三月十三日付）

先に検討したように、仏越提携論がチャウの真意なのか裏をかく作戦なのかはおくとして、一九三〇年代は仏越提携論で一貫しているかのようである。もっとも軟禁状態という制約のなかで公表されたものであることを勘案する必要はあるであろう。チャウの仏越提携論は、日本脅威論・「文明革命」と表裏一体となっており、かつての「人種」の観点はなく、仏越によるインドシナの地域的防衛という観点が前面に出されている。ファン・チュー・チンの仏越連合論と比べると、軍事的観点が強く、文化的・経済的観点が弱いのが明らかである。チャウは最晩年、「仏越提携、上下一心、労資互助」というスローガンを掲げ、仏越間、民族内、階級間の団結を強調している。

社会主義論

一九二五年に中国でグエン・アイ・クオックと会見する予定であったが、その直前に上海でチャウは逮捕されてしまった。ベトナム国内で共産主義政治団体が結成されるのは、チャウのフエ軟禁以降である。したがってチャウはベトナムにおける共産主義運動に直接関与することはなく、共産党員となることもなかった。しかしフエの自宅にはレーニンの肖像が掲げられていたといわれ、フエ時代でもチャウは社会主義への関心をもち続けていた。チャウは、日増しに労働者のほうに目を向け、視線も「社会」の角度に転じるようになった。具体的には「貧民を治療する薬」(一九二七年)や一九三〇年代半ば以降の「平民詩」と呼ばれる一群の詩文において、都市の民衆により着目するようになり、

『越南亡国史』のように植民地主義の税によって苛酷に搾取された農民をとおして民族全体をみていた以前の見方から、都市民を含めた広がりをみせるようになった。また『高等国民』では、ルソーとマルクスの提唱によって、「民権」と「労働権」が沸々とわき起り、この流れはせき止められないとの認識を示していた。

『社会主義』（執筆年不明。一九二八～三六年頃）は、社会主義の理論を紹介したものである。チャウは、「家族主義」「資本主義」「国家主義」を乗りこえるものとして社会主義の登場を歓迎し、マルクスの学説を真正な社会主義だと認定し、人類のもっとも素晴らしい理想であるとした。しかし彼は「虚無主義」、「無政府主義」も社会主義だとし、マルクスと孫文の関係を孔子と孟子の関係のようだとみ、三民主義▲をも社会主義に包含し、マルクスの思想は孔子の大同思想を発展させたにすぎないとみた。チャウの社会主義の見方は道徳主義的であり、階級闘争が歴史の推進力との観点や弁証法的唯物論にはふれられず、国家の死滅の展望も示されていなかった。

『孔学燈』（一九二九～三五年頃）は、儒教の学説史を古代から現代までたどっ

▼三民主義　孫文が唱えた政治理論。一九〇五年の中国同盟会の四綱から民族主義（民族の独立）、民権主義（民権の伸長）、民生主義（民生の安定）にまとめられ、中国国民党の指導理念となった。二四年の第一次国共合作の時には、「連ソ・容共・扶助工農」の三大政策を打ち出し、新三民主義といわれた。ベトナムでは二〇年代後半になって本格的に紹介され、南同書社からベトナム国民党（二七年成立）の系統の人々が代表的。ベトナム民主共和国独立から現在まで、スローガンとなっている「独立、自由、幸福」もその影響ともいえる。

た大部の研究書であるが、この本のなかでチャウは、西洋の民主主義や社会主義の学説は孔子や孟子の学説に含まれており、東洋の学説は西洋の学説に負けていないことを力説する。社会主義の真精神は大同であり、大同とはつまり「最大の公の道理」だとした。「階級闘争問題に関して」(『長安』紙一九三八年十月七日付)で、ベトナムでの資本家はフランス人であってベトナム人ではなく、階級矛盾よりも民族矛盾が問題だとして、ベトナムでの運動における階級闘争を否定した。これによってチャウは、フランスをベトナムの単に「人種的」敵としてではなく、階級的敵としてもとらえるようになったといえる。以上のようなチャウの社会主義に対する考えは、ベトナム国内の評価では、科学的社会主義であるマルクス・レーニン主義にいたる以前のものとされている。これに対し、ドイツの研究者ウンゼルト博士は、彼が発掘したチャウの著作『滅種予言』にもとづき、チャウの思想が封建的イデオロギーからマルクス主義イデオロギーに転換したとする。以下では、この『滅種予言』について少し詳しく検討していきたい。

『滅種予言』は執筆年不明である。この著作はチャウの生前には公刊されておらず、一九八〇年代にドイツのウンゼルト博士によってそのタイプ原稿が発見されたものである。この著作の序文に「トルコは九年前に独立した」とあるところから、ウンゼルト博士は執筆時期を一九二九年頃としている。それに対しベトナムの研究者チュオン・タウはフランス人民戦線内閣▲成立以降の風潮の影響がみられるところから一九三六年以降と考えている。また同じくベトナムの研究者ディン・スアン・ラムは著作中で言及されている中部の「学会」解散が一九三七年四月なのでそれ以降としている。三人の説には一長一短がある。この著作の前半の散文部分であるが、若干の新しい事実が加えられているほかは内容に新味がなく、フランスによる「滅種」の手段という『ベトナム亡国史』や『天か帝か』に使われているモチーフの焼きなおしである。後半の韻文部分の第九章「保種長歌」はチュオン・タウも指摘するように「平民詩」がたくさんつくられるようになるなど、人民戦線の影響もみられることから一九三六～三八年にかけてつくられたのではないかと思われる。つまり散文部分は比較的早く一九三〇年前後に執筆が開始され、韻文部分は最晩年に完成したのではないかと筆者は考えている。

▼フランス人民戦線内閣　一九三五年、コミンテルンの第七回大会で「反ファシズム人民戦線」戦術の採用が決まると、フランスでは同年、社会党・共産党・急進社会党を中心に「反ファシズム」を掲げる統一戦線が成立し、翌三六年に社会党のレオン・ブルムを首班とする内閣が誕生した。同内閣のもとで、インドシナでは政治犯の釈放、社会改革、植民地の実状の派遣調査がおこなわれることになった。そこでインドシナ共産党をはじめとする各党派によりインドシナ民主戦線（三六～三九年）が結成され、請願運動（インドシナ大会）がもりあがりをみせ、大衆の政治活動が活発化した。なお、人民戦線はベトナム語では「平民戦線」と訳されている。

『滅種予言』はベトナムの「滅種」の危機をフランスによる宗教・政治・教育・経済・陰謀詭計の各分野での手段をあばき、ソ連に労農国家が樹立され、「ロシア労農を師とした」、反資本主義・帝国主義の風潮が世界的に高まっているとし、労働者・農民・学生・女性・兵士・キリスト教徒に起ちあがるよう呼びかけている。この著作で注目すべき点は次のとおりである。①東遊運動期と異なり、「労農」に着目されるようになっている。ただ、農民に関しては「農党」の旗を掲げることが謳われているのに対し、労働者のほうにはとくにそういった言及はされず、「労働者階級の党」という文言は出てこないこと。②「士と農が仲間になって、労働者を導き、困窮を脱する」、「しっかりした組織をつくることが第一歩」とされ、ベトナム革命の中心的担い手は知識人・農民と考えられていること。③フランスと対抗するのに、華越同盟論が唱えられていること。④「五洲の大同」「黄・白・黒・紅色人ともに幸福になり、その時、大同の旗ひるがえる」と世界革命が漠然とめざされていること、である。『滅種予言』においてチャウの視野はアジアから世界の無産階級・労農国家へと広がっていることがみてとれる。しかしチャウには個別的なフランス植民地主義への批判はあるが植民地主義一般の批判にまで昇華することはなく、世界革命への展望は曖昧なものに終わっている。

以上、『滅種予言』の内容について検討してきたが、フランスを敵視することの著作と先でみた仏越提携論とは執筆時期もほぼかさなり、その整合性をどう考えたらいいのであろうか。チャウの仏越提携論が発表されたのはベトナム国内の公刊物であるのに対し、『滅種予言』はチャウの生前は非公刊物であった（ちなみに『社会主義』『孔学燈』もそうである）。だとするならば、チャウにおいて仏越提携論はいわば表向きのものとして、社会主義運動論・華越同盟論は秘められた主義として併存していたのではなかろうか。ベトナムの「滅種」の危機を脱し将来の独立を達成するために、日本の脅威の観点からは仏越提携論が、フランスの脅威の観点からは社会主義運動・華越同盟論が唱えられていたのではないかと思われる。

儒教論

一九三〇年代にはいって、チャウは儒学に関する大部の二冊の研究書『孔学燈』と『周易国文演解』を執筆している。これは彼の儒学への回帰ともいえるが、単純な回帰ではなく、これまでに彼が吸収した古今東西の思想をもって、自らの儒学を集大成することであった。初期の著作『雑記』において、「昔は理学の世界であったので、孔子はただ時代に従って理学を述べた。今は気学の世界なので気学を知らなければならない」と書いているように、チャウは「気の思想」への志向を強くもっていた。『孔学燈』の目的は、一つは人心世道の護持であり、もう一つは古い学(アジアの哲学)と新しい学(現代世界の学問)の調和にあった。二〇世紀初の維新会の頃と比べて、儒学の否定的側面(例えば宋儒の専制主義、科挙の弊害など)を取り上げることは少なくなった。『孔学燈』は儒学の学統をたどった研究書であるが、『論語』『大学』『中庸』の注釈・摘訳、孟子論、荀子論に多くの紙幅がさかれ、漢儒や朱子のあつかいが比較的少ないのが特徴的である。チャウは程朱▲も儒学の正統だとはしているものの、ベトナム儒学の伝統的なとらえ方と異なって、荀子や陸王学(心学)をも正統だとしている。チャウはベトナム儒学ではあまりかえりみられてこなかった陽明学を再評価しているともいえるが、これには日本の吉田松陰や西郷隆盛の影響があっ

▼**程朱**　北宋の程顥(ていこう)、程頤(ていい)と南宋の朱熹(しゅき)のこと。彼らの学問体系を程朱学といい、朱子学や宋学ともいう。南宋の陸九淵(象山)と明代の王守仁(陽明)の陸王学と対比される。

た可能性がある。チャウは、東遊運動期の著作のなかで、この二人を高く評価しているからである。

一九二〇年代後半から三〇年代にかけて、ベトナムの論壇では儒教をめぐって比較的活発な議論がかわされた。当時、植民地体制下での立憲君主制を内実化させようという動きがあった。例えばファム・クイン▲は「国家主義」を唱え、儒教をその精神的基盤とし、いわば「国教化」しようとし、「民主運動」に反対した（「保護説」）。それに対し、グエン・ヴァン・ヴィン▲は「直治説」を唱え、王朝行政機構の中間的役割の廃止と共和制の実施を主張した。またこの時期のもっとも代表的な文学グループである「自力文団▲」はその欧化主義・個人主義的な立場から激しく儒教や家族制度を批判する作品を発表した。このような時に、当時の公開論壇の寵児ファン・コイ▲と植民地教育官僚でのちの一九四五年の日本軍による「仏印処理」でベトナム帝国の首相となったチャン・チョン・キム▲が儒教論争を展開した。ファン・コイは中国の胡適の思想的影響を強く受けており、「新文化」・「西洋文化」（科学と民主）を打ち立てるのに孔教の影響が障害となっており、その悪影響を排除しなければならないとしていた。一方、

▼**ファム・クイン**（一八九二〜一九四五）　通訳学校を卒業してフランス極東学院に勤務したのち、一九一七年から『南風』雑誌の主筆。三二年、保大（バオダイ）帝政権に参加し、学部尚書、吏部尚書などを歴任。「仏印処理」で官界引退。

▼**グエン・ヴァン・ヴィン**（一八八二〜一九三六）　通訳学校卒業。東京義塾に参加し、北圻で最初のクオックグーの新聞『登鼓叢報』の主筆になる（一九〇七年）。三一年、植民地体制下の立憲君主説（保護説）に反対し、L'Annam Nouveau 紙を発行。

▼**自力文団**（一八八二〜一九三六）　一九三〇年代初頭に結成され、三〇年代のベトナム文学を代表するグループ。当時の都市部の若者に大きな影響を与えた。

▼**ファン・コイ**（一八八七〜一九五九）　『金雲翹』論争、儒教論争、「新しい詩」論争、唯物・唯心論争、「封建」論争、「人生のための芸術か芸術のための芸術か」論争などで論陣を張り、二〇年代・三〇年代の代表的なジャーナリスト・評論家の一人

となった。ベトナム民主共和国成立後は、北部に居住。一九五六〜五七年に「人文佳品」事件に連累し、執筆が禁じられた。

▼チャン・チョン・キム（一八八三〜一九五三）　中北部ハティン出身。儒学者の家系に育つも、仏越学校や通訳学校などで学び、のちにフランスに留学。一九一〇年代はじめに帰国し、植民地体制下の教育関係の職務につくとともに、教科書など多数の著作を残した学者。一九四五年三月に日本はフランス植民地政府を打倒し、ベトナム帝国に独立を付与するが（仏印処理）、キムはその時の同国政府の首相を務めた。しかし四五年の八月革命で同国政府は崩壊した。

▼新儒家　民国期の新文化運動以降の西洋近代思想の影響が強まるなかで、中国の伝統思想を西洋哲学と関連付けて考察し、再評価しようとした学派の人々。一九二〇年代から四〇年代の代表的な人としては、熊十力、梁漱溟などがいる。彼らは陸王心学、仏教、ベルクソンの生命哲学を融合しようとした。

チャン・チョン・キムは、フランス哲学（とくにベルグソン）を援用して儒教に現代的装いをほどこし、立憲君主制を擁護しうる哲学として儒教を再構築しようとした。二人の論争は中国における新文化運動と新儒家▲の対立と似たところがある。チャウの『孔学燈』は、これらの議論がかわされたのとほぼ同時期に執筆されている。以下で、いくつかの点でこの三者を比較し、チャウの『孔学燈』の性格の一端を浮き彫りにしたい。

(1)民主主義と儒教

ファン・コイは、孔教が「尊君・忠君」を主張しており、現代の民主政体には適合していないとした。チャン・チョン・キムは、「君権」とは主権のことであり、「君権」に民が忠であれば政体は安定するので、「忠君」は今も意義をもち、政体のいかんにかかわらず孔教は有益だとした。ファン・ボイ・チャウは、儒教思想のなかにも「民主主義」的要素があるとする。とくに孟子の「重民主義」を高く評価し、今の「民権説」の学者は孟子の学説の範囲から出ていないとしている。康有為の「大同民主」説にはおおいに共鳴しているが、その保皇主義には批判的であった。君臣関係を承認せず、民主共和が天意民心だとする譚嗣同《たんしどう》の意見に賛成し、「尊君主義」は孔教の倫理ではないとした。

(2)社会科学と儒教

ファン・コイは孔教が科学に反していると主張し、孔教の「感化」による政治の主張(「明徳新民説」)は反科学的で、修身の延長線上で政治をとらえるのではなく、政治・社会の固有領域をあつかう学問を学ばなければならないとする。チャン・チョン・キムは、儒教は広義において一貫した方法と体系がある哲学であって科学に反せず、「直観」をもって主たる方法とし、体系は「天地万物一体」主義だとした。ファン・ボイ・チャウは儒教が科学とまったく相反するものだとはしていない。チャウは、西洋の民権説や社会主義の学説は孔子、孟子の学説のなかに含まれており、東洋の学説は西洋の学説に負けていないことを力説する。「明徳新民」については、チャン・チョン・キムとチャウは朱子の「新民」ではなく「親民」のほうを採用している。チャウは東遊運動期以降、梁啓超の『新民説』の影響を強く受けたと思われるのに、意外である。梁啓超とチャウの思想的違いの一つである。しかしチャウは政治とは知識人による「教化」だとする点は否定していない。

(3)有神か無神か

ファン・コイは孔子が無神論者だとし孔教の宗教性を否定した。チャン・チョン・キムは孔子を有神論者だとする。キムは儒教をいわば「国教化」するために宗教性をもたせようとし、信仰面では「天人相関」を骨子とした。ファン・ボイ・チャウはこれについては言及せず、「天人相関」説にも殆どふれていない。チャウは孔学の鬼神は天理にすぎず、自分の心のなかに誠があれば即ち神はそこにあり、誠即ち鬼神、鬼神即ち誠とし、この点でチャウは荀子の「非命」を高く評価する。中国の新儒家とチャン・チョン・キムは陸王を重視しており、荀子を批判しているが、チャウは程朱も陸王も正統にいれている。

(4)儒教と経済

ファン・コイは孔教の悪い影響の一つとして、実業の軽視をあげている。ファン・ボイ・チャウは、孟子の「平民経済主義」(分田、分工)を社会主義の起源だと高く評価した。チャウはとくに「患不均」と「均無貧」に注意を促し、「平均社会」(平民詩「小さな社会」で使用されている言葉)の樹立を強調している。

このようにチャウは、儒教を民主主義と科学に反するとするファン・コイにも、儒教を新君主主義の理論的・精神的基盤にしようとするチャン・チョン・キムにも与しなかった。『孔学燈』は、民主共和主義、社会主義の思想を、おもに孟子や譚嗣同などの学説のなかに読み込み、それを儒学に取り込もうとしたものであった。

ファン・ボイ・チャウはベトナムで最初に立憲的国民国家論を唱えた人だといえるが、東遊運動期は立憲君主制を、ベトナム光復会期からフエ時代は民主共和制を唱え、ファム・クインやチャン・チョン・キムの立憲君主制には賛成しなかった。フエ時代は、国民形成のために「公徳」を推奨したものの、具体的な政体論は展開できなかった。チャウはベトナムで最初の立憲論者であったが、生涯をつうじて憲法草案を書くことはなかった。また立憲主義的にいうと、権力の制限・チェックという観点や三権分立という考えはチャウにはなじまなかった。

チャウの一貫した問題意識は「保種」とそのための「合群」であった。なにが「滅種」をもたらす最大の脅威かの認識によって、対応も異なった。フエ時代は、その脅威が日本か、あるいはフランスかによって、時と場所と発表媒体によってその主張がゆらいだ。「保種」のための手段が「合群」(団結・合心)であり、その団結単位として国民が提唱された。「合群」のため、キリスト教徒・非信徒間や労使間の団結も主張した。そのためチャウは、自力文団などが主張した「個の自立」「個人主義」には賛成しなかった。チャウのいう自由は個人の自由というより国民という集団の自由であった。また、社会主義には共鳴しながらも、階級闘争の考えはとらなかった。労働者階級を革命運動の中核や第一の担い手としなかった。これらの点が、現在のベトナムにおいて、チャウが正統的なマルクス主義者ではないとされるゆえんであろう。チャウは概して、経済について述べることはあまり多くなかったといえる。ベトナム光復会では平均地権には言及されず、またフエ時代にも、資本節制や土地改革について本格的な議論を深めることはなく、『孔学燈』にみられるように「平均経済主義」や「労資互助」を唱えるにとどまっている。

チャウは、ファン・チュー・チン、グエン・ヴァン・ヴィン、自力文団のような極端な欧化主義からは距離をとり、東アジアの文明的紐帯(漢字文化交流圏)を重んじていた。西洋的民主主義を唱えるというよりは、社会主義を儒教

フエ市の旧居跡にあるチャウの墓

▼**北部ベトナム進駐**　北部仏印進駐ともいう。一九四〇年九月、援蔣ルートの遮断のため、日本軍が北部仏印（北部ベトナム）に進駐した事件。日本軍の「南進」の始まりとなった。同年九月二十六日、米国はそれに対抗して屑鉄輸出禁止の措置をとった。翌二十七日には日独伊三国同盟が調印された。四一年七月には、南方作戦基地獲得のため、南部ベトナムに

的民本主義としてとらえなおす境地にたっているといえよう。チャウの社会主義は、チュオン・タウが指摘するようにマルクス・レーニン主義にはいたっていないかも知れないが、人口の圧倒的多数が農民で工業が未発達で労働者の割合が少なく、市民社会が未形成で儒教的身分制が根強い社会ではぐくまれた東アジア的な社会主義といっていいであろう。このようなチャウの社会主義はホー・チ・ミンのそれとも決して無関係ではない。

以上みてきたように、フエ時代のチャウは、政治の第一線からは退き直接的に政治運動に参加してはいなかったが、民族独立の大志をもち、新たな政治情勢や思潮と対峙し続け、その精神は次の革命世代に継承された。

チャウの惜別の辞

ファン・ボイ・チャウは一九四〇年十月二十九日にフエでなくなった。日本軍の北部ベトナム進駐▲から一カ月あまりのちのことであった。享年七三歳。彼は次のような遺書を書き残している。

ベトナムの一人の民である私、ファン・ボイ・チャウは、迫っている死を

前にして、同胞のみなさんに心よりの惜別の辞を述べます。
それ以前のことはいざ知らず、一九〇六年以降、国の人々の進退・生死を左右し、非常に多くの累をおよぼしました。すべては私が引きおこした罪です。しかし幸いかな。一九二五年から私は帰国して余生を送って今に至り、同胞のみなさんは誰も私の罪を責めないばかりか、私をいとしく思ってくれていています。私はわが同胞に対してじつに心苦しく、感謝の念にたえません。この一五年間、ベングの陋屋と香江の渡し船に身をひそめてきました。私の余生はとるに足らないことを、同胞はよくご存じです。今、臨終の時がきたので、お別れの言葉を述べさせていただきます。（中略）わがベトナム同胞は二五〇〇万以上あり、それだけ多くの頭脳、耳目、手足があり、もし愛し合い、心を同じくし力を合わせて祖国に対する国民の本分をなしたならば、…。もしそうせず、今後地球上にベトナム民族の姿がなくなったならば、このファン・ボイ・チャウは（同胞に対して）借金逃れや踏み倒しをした輩であったとしても幸運で、みなさんの前に死ねて、幸福だと思うことでしょう。

進駐した（南部仏印進駐）。これにより米英蘭との対立が深まり、米国は在米日本資産の凍結、対日石油輸出の全面禁止に踏み切り、いわゆるＡＢＣＤ包囲網が形成されることになった。

ファン・ボイ・チャウとその時代

西暦	年齢	おもな事項
1867	0	ゲアン省ナムダン県で生まれる
1885	18	試生軍を組織するも失敗
1900	33	郷試に首席（解元）で合格
1901	34	ゲアン省都で反仏蜂起未遂
1903	36	皇族のクオン・デと接触し，意見交換
1904	37	***2-*** 日露戦争勃発。***春*** グエン・タインの家にて「会」（のちの維新会）結成
1905	38	***1-*** ファン・ボイ・チャウら3人の日本行きが決定。***5-27～28*** 日本海海戦。***6-*** ロシア，講和勧告を正式に受諾。***初夏*** 日本に到着。***夏*** ダン・トゥ・キンと『越南亡国史』を持って帰国。***9-*** ポーツマス条約締結。***秋*** 3人の青年を連れて再来日（東遊運動の始まり）
1906	39	***2-*** クオン・デが来日。この頃，ファン・チュー・チンも短期間日本に滞在。***4-*** 3人が陸軍振武学校入学。***5-*** クオン・デも入学。***秋*** 一時帰国し，ホアン・ホア・タムらと接触
1907	40	***6-*** 日仏協約の締結。日本政府の取り締まり始まる。***夏*** 香港に赴き，南部の父兄と面会し勧誘。南部からの留学が盛んになる。「亜洲和親会」発足。***秋*** 留学生の組織「ベトナム公憲会」結成
1908	41	***初夏*** 留学生のチャン・ドン・フォン（陳東風）自殺。***年末*** 日仏両国政府からの弾圧強まる。大量の留学生が帰国
1909	42	***3-*** 日本を離れ，中国へ。***11-*** クオン・デ離日
1910	43	***秋*** シャムに一時移住
1911	44	***10-*** 辛亥革命の勃発
1912	45	***1-*** 中華民国成立。バンコク経由で中国へ赴く。 広州にてベトナム光復会結成
1914	47	***1-*** 反革命派の龍済光によって広州で捕えられる
1917	50	***春*** 牢獄から脱出する
1918	51	***3-*** 再来日し，浅羽佐喜太郎記念碑を建立する。***年末*** 中国に戻り，雲南へ赴き，第一次世界大戦終結を知る
1919	52	『仏越提携政見書』執筆
1921頃		自伝によれば，この頃，ソ連大使館館員と接触
1923	56	***9-*** クオン・デが杭州にいるファン・ボイ・チャウを訪問
1924	57	***6-*** 広州でファム・ホン・ターイによるメルラン総督暗殺未遂事件。その後，「ベトナム国民党の声明書」を執筆
1925	58	***7-*** 上海でフランス官憲に逮捕される。***11-*** ハノイの法廷で終身刑を宣告される。その後，罪を減じられ，フエに軟禁
1940	73	***9-*** 日本軍，北部仏印に進駐。***10-*** フエで死去

参考文献

安間幸甫編『ベトナム独立への道——浅羽佐喜太郎記念碑に秘められた東遊運動の歴史』浅羽ベトナム会，2008 年
内海三八郎著(千島英一・櫻井良樹編)『潘佩珠伝——日本・中国を駆け抜けた革命家の生涯』芙蓉書房出版，1999 年
大岩誠『安南民族運動史』ぐろりあ・そさえて，1941 年
黒龍会編『東亜先覚志士記伝』中，原書房，1966 年
後藤均平『日本のなかのベトナム』そしえて，1979 年
白石昌也『ベトナム民族運動と日本・アジア——ファン・ボイ・チャウの革命思想と対外認識』巖南堂書店，1993 年
白石昌也『日本をめざしたベトナムの英雄と皇子——ファン・ボイ・チャウとクオン・デ』彩流社，2012 年
孫文研究会編『孫文とアジア』汲古書院，1993 年
鄧搏鵬著(後藤均平訳)『越南義烈史——抗仏独立運動の死の記録』刀水書房，1993 年
潘佩珠著(長岡新次郎・川本邦衛編)『ヴェトナム亡国史 他』(東洋文庫)平凡社，1966 年
牧久『「安南王国」の夢——ベトナム独立を支援した日本人』ウェッジ，2012 年
古田元夫『増補新装版 ベトナムの世界史——中華世界から東南アジア世界へ』東京大学出版会，2015 年
梁啓超著(高嶋航訳注)『新民説』(東洋文庫)平凡社，2014 年

安間幸甫「浅羽佐喜太郎と東遊運動」『磐南文化』30，2004 年
安間幸甫「ファンボイチャウ後のベトナム独立運動と何盛三の関わり」『磐南文化』42，2016 年
安間幸甫「何盛三 その二(赤松家の米沢人脈から見えてきたもの)」『磐南文化』43，2017 年
今井昭夫「フエ時代のファン・ボイ・チャウの思想」『東京外国語大学論集』54，1997 年
今井昭夫「20 世紀初頭のベトナムにおける開明的儒学者たちの国民国家構想」(久留島浩・趙景達編)『アジアの国民国家構想——近代への投企と葛藤』青木書店，2008 年
内海和夫「忘れられたベトナムの古き友——曽根俊虎(1847-1910)と何盛三(1885-1951)について」『東京外大東南アジア学』11，2006 年
大野政治「歴史散歩 柏原文太郎のことども」『成田市史研究』14，1990 年
河路由佳「1943 年・仏印から日本への最後のベトナム人私費留学生とベトナム独立運動——チェン・ドク・タン・フォン(陳徳清風)さん」『日本オーラル・ヒストリー研究』8，2012 年
白石昌也「滞日期のファン・ボイ・チャウ(ベトナム)と雲南省活動家との交流」『東洋文化研究所紀要』85，1981 年
白石昌也「東遊運動期のファン・ボイ・チャウ——渡日から日・中革命家との交流まで」(永積昭編)『東南アジアの留学生と民族主義運動』巖南堂書店，1981 年

白石昌也「明治末期の在日ベトナム人とアジア諸民族連携の試み——「東亜同盟会」ないしは「亜洲和親会」をめぐって」『東南アジア研究』20(3)，1982年

白石昌也「ファン・ボイ・チャウ——ベトナムの社会ダーウィニスト」(趙景達・原田敬一・村田雄二郎・安田常雄編)『講座 東アジアの知識人 第2巻 近代国家の形成』有志舎，2013年

宮沢千尋「再来日後のベトナム東遊運動盟主クオンデ候をめぐる日仏植民地帝国の対応と取引——東遊運動瓦解後のクオンデの思想と行動(4)」『ベトナムの社会と文化』5・6，2005年

Chương Thâu sưu tầm và biên soạn, *Phan Bội Châu Toàn Tập,* Tập 1〜10, Huế, Nhà Xuất Bản Thuận Hóa, 1990.

Chương Thâu sưu tầm và biên soạn, *Phan Bội Châu Toàn Tập,* Tập 1〜10, Huế, Nhà Xuất Bản Thuận Hóa và Trung Tâm Văn Hóa Ngôn Ngữ Đông Tây, 2001.

Chương Thâu, *Phan Bội Châu(1867-1940) Nhà Yêu Nước Nhà Văn Hóa Lớn,* Hà Nội, Nhà Xuất Bản Văn Hóa Thông Tin, 2011.

Đặng Hòa, *Bác Hồ: những năm tháng ở nước ngoài,* Hà Nội, Nhà Xuất Bản Thông Tin, 1990.

G. Boudarel, *Phan Bội Châu Và Xã Hội Việt Nam Ở Thời Đại Ông,* Hà Nội, Nhà Xuất Bản Văn Hóa Thông Tin, 1998.

Hoài Thanh, *Phan Bội Châu,* Hà Nội, Nhà Xuất Bản Văn Hóa, 1978.

John T. McAlister, Jr., *Viet Nam: the origins of revolution,* New York, Knopf, 1969.

Nguyễn Văn Hồng, Nguyễn Thị Hương, Chương Thâu, *Tôn Trung Sơn Với Việt Nam,* Hà Nội, Nhà Xuất Bản Giáo Dục Việt Nam, 2013.

Tran My Van, *A Vietnamese Royal Exile In Japan Prince Cuong De(1882-1951),* London & New York, Routledge, 2005.

Trần Văn Giàu, *Sự Phát Triển Của Tư Tưởng Ở Việt Nam Từ Thế Kỷ XIX Đến Cách Mạng Tháng Tám,* Tập II, Hà Nội, Nhà Xuất Bản Khoa Học Xã Hội, 1975.

Vinh Sinh & Nicholas Wickenden, *Overturned Chariot The Autobiography of Phan-Boi-Chau,* Honolulu, University of Hawaii Press, 1999.

Yves Le Jariel, *Phan Bội Châu (1867–1940)：Le nationalisme vietnamien avant Ho Chi Minh,* Paris, L'Harmatten, 2008.

Jörgen Unselt "Vài Ý Kiến Bước Đầu Về Tác Phẩm *Chủng Diệt Dự Ngôn* Của Phan Bội Châu", Phan Bội Châu, *Chủng Diệt Dự Ngôn (Lời Dự Đoán Về Sự Diệt Chủng),* Hà Nội, Nhà Xuất Bản Khoa Học Xã Hội, 1991.

Nguyễn Tiến Lực, "Sự hình thành quan niệm nhà nước nhân dân của Phan Bội Châu trong thời kỳ hoạt động ở Nhật Bản (1905–1909)", Đại Học Reitaku và Đại Học Khoa Học Xã Hội & Nhân Văn Đại Học Quốc Gia TP. Hồ Chí Minh, *Kinh Tế Và Đạo Đức Thời Hiện Đại,* TP. Hồ Chí Minh, Nhà Xuất Bản Khoa Học Xã Hội, 2014.

Nguyễn Đình Chú, "Về Phan Bội Châu Mấy Vấn Đề Xin Được Bàn Lại...", *Nghiên cứu Văn Học,* Số 4, 2008.

阮俊強・梁氏秋「西學東漸與書籍交流：近代越南『新訂國民讀本』的歐亞旅程」『中正漢學研究』第二期(總第三十期)，2017年

図版出典一覧

Phan Bội Châu Toàn Tập, Tập 1: Văn Thơ Thời Kỳ Trước Khi Xuất Dương (1882-1905), Huế, Nhà Xuất Bản Thuận Hóa và Trung Tâm Văn Hóa Ngôn Ngữ Đông Tây, 2001. カバー表

Phan Bội Châu Toàn Tập, Tập 3: Văn Thơ Những Năm Ở Nước Ngoài (1908-1916), Huế, Nhà Xuất Bản Thuận Hóa và Trung Tâm Văn Hóa Ngôn Ngữ Đông Tây, 2001. *43*

Lê Thước, Vũ Đình Liên, *Thơ Văn Nguyễn Thượng Hiền,* Nhà Xuất Bản Văn Hóa, Hà Nội, 1959. *13* 上

Mai Cao Chương, Đoàn Lê Giang, *Nguyễn Lộ Trạch: Điều Trần và Thơ Văn,* Nhà Xuất Bản Khoa Học Xã Hội, Hà Nội, 1995. *13* 中上

Nguyễn Đình Đầu, *Nguyễn Trường Tộ Với Triều Đình Tự Đức,* Nhà Xuất Bản Trẻ, 2013. *13* 中下

Nguyễn Q. Thắng, Nguyễn Bá Thế, *Từ Điển Nhân Vật Lịch Sử Việt Nam,* Nhà Xuất Bản Khoa Học Xã Hội, Hà Nội, 1991. *19* 下

Nguyễn Quang Tô, *Sào Nam Phan Bội Châu: Con Người Và Thi Văn,* Saigon, Bộ Văn Hóa Giáo Dục Và Thanh Niên, 1974. *47*

Nhóm Trà Lĩnh, *Đặng Huy Trứ Con Người Và Tác Phẩm,* Nhà Xuất Bản Thành Phố Hồ Chí Minh, Hồ Chí Minh, 1989. *13* 下

王府民『孫中山詳伝』中国広播電視出版社，1993 年 *28*

外務省外交史料館所蔵 *31*

国土地理院発行「旧 1 万分の 1 地形図「早稲田」明治 42 年」 *27* 下

袋井市歴史文化館提供 扉, *22*

著者提供 カバー裏, *3, 9, 18* 上下, *26, 27* 上, *50, 60, 78*

PPS 通信社提供 *19* 上

今井昭夫(いまい　あきお)
1956年生まれ
東京外国語大学大学院地域研究研究科修了
専攻，ベトナム近現代史，ベトナム地域研究
現在，東京外国語大学大学院総合国際学研究院・教授

主要著書・訳書

『エリア・スタディーズ 39 現代ベトナムを知るための 60 章』(共編著，明石書店 2004)
『記憶の地層を掘る――アジアの植民地支配と戦争の語り方』(共編，御茶の水書房 2010)
ファン・ゴク・リエン監修『世界の教科書シリーズ 21 ベトナムの歴史――ベトナム中学校歴史教科書』(監訳，明石書店 2008)

世界史リブレット人 81
ファン・ボイ・チャウ
民族独立《みんぞくどくりつ》を追《お》い求《もと》めた開明的志士《かいめいてきしし》

2019年 1 月20日　1 版 1 刷印刷
2019年 1 月30日　1 版 1 刷発行

著者：今井昭夫《いまいあきお》

発行者：野澤伸平

装幀者：菊地信義

発行所：株式会社 山川出版社

〒101-0047　東京都千代田区内神田 1 -13-13
電話　03-3293-8131(営業) 8134(編集)
https://www.yamakawa.co.jp/
振替　00120-9-43993

印刷所：株式会社 プロスト

製本所：株式会社 ブロケード

 ISBN978-4-634-35081-6